KB158705

돈과 운을 부르는

색채
명리학

돈과 운을 부르는

색채 명리학

김동완 지음

행성B

삶을 바꾸는 색,
운을 부르는 색

우리 인간이 동물과 구별되는 부분 중 하나는 색을 창조한다는 것이다. 인간은 스스로 만든 색채 속에서 태어나 생활하고 그 안에서 생애를 마감한다. 그만큼 색은 우리 삶을 지배하는 중요한 요소이다. 오늘날 색채는 미술, 패션, 경영 마케팅뿐만 아니라 명상, SNS, 상담 심리 등 다양한 분야에서 그 중요성을 인정받고 있다. 색을 응용하지 않는 분야가 없을 정도이다.

이에 발맞춰 한때 화가나 디자이너 같은 일부 사람들의 전유물처럼 여겨지던 색에 대한 감각과 활용 능력도 높아지고 있다. 여기에는 기술의 발달이 한몫한다. 컬러TV가 등장하면서 색채의 관심은 확장되었고 스마트폰이 일상화되면서 일반인들도 손쉽게 색을 다룰 수 있게 되었다. 이제는 누구나 쉽게 사진을 찍고 SNS에 올린다. 어린아이들도 음식 사진, 풍경 사진 등을 더 화려하게, 예쁘게 찍기 위해 색채 감각을 키운다.

그런데 혹시 알고 있는가, 색은 아름답고 보기 좋을 뿐만 아니라 그 자체로 우리 삶에 적지 않은 영향력을 발휘한다는 사실을?

축구의 본고장인 영국 프리미어리그에서 맹활약 중인 손흥민 선수를 보자. 그는 2019~20년 리그에서 아시아 선수 최초로 10골-10도움 클럽에 가입할 정도로 뛰어난 성적을 거두었다. 그런 손흥민 선수가 유독 한국 국가대표로 뛸 때면 기대에 못 미치는 활약을 보인다. 그 이유가 뭘까? 한 나라를 대표한다는 중압감도 있겠지만 필자는 그가 입는 유니폼의 '색'에 주목한다.

토트넘의 홈구장 유니폼은 흰색이다. 반면 대한민국의 유니폼은 붉은색이다. 명리학적으로 이는 단순한 색의 차이를 뛰어넘는다. 손흥민 선수의 사주는 여름에 태어난 작은 나무다. 목(木)과 화(火)의 기운이 강하게 자리 잡고 있다. 오행의 목(木)은 색으로 표현하면 파란색이고, 화(火)는 빨간색이다. 흰색은 이를 돕는다. 목(木)과 화(火)를 눌러 균형을 맞추는 역할을 하는 것이다. 그러나 붉은색은 어떤가? 화(火)의 기운을 지닌 그에게 붉은색은 중심을 잡아주지 못한다. 삶이 그렇듯, 모든 상황에서 균형을 잡는 일이 중요하다. 과유불급(過猶不及)이란 말처럼 지나치면 오히려 화를 불러오는 법이다. 이 땅에 사는 모든 사람에게는 자신이 속한 오행이 존재한다. 사계절이 뚜렷한 우리나라는 더욱 명확하다.

모든 색채에는 에너지가 담겨 있다. 그리고 우주 만물을 이루는 오행은 각각 고유의 색을 갖고 있다. 어떤 색은 마음을 정돈시켜 일의 능률을 올리고, 어떤 색은 자존감과 행복감을 떨어뜨린다. 위험과 불안을 주는 색 조합이 있고 반대로 신뢰와 안정을 주는 조합이 있다. 색은 그 사람의 운명에 큰 영향을 끼친다. 필자는 이러한 색의 속성을 여러분께 쉽게 알리고자 한다. 나와 색의 상호작용을 잘 이해한다면 운명을 바꾸는 훌륭한 무기로 사용할 수 있다.

부디 이 책을 통해 독자 여러분이 '나의 색'을 찾고 운과 부를 불러들이길 희망한다.

2021년 여름

김동완

일
(一)

색으로 세상을 보다

이
(二)

색을 알면 돈이 보인다

삼
(三)

색으로 운명을 바꾼다

사
(四)

운을 부르는 색

일
(一)

색으로 세상을 보다

마음을
사로잡는 색

어느 흐린 저녁이었다. 어두워지기 시작한 하늘이 밤을 재촉하고 있었다. 마침내 비가 한두 방울 내리더니 곧이어 빗방울이 굵어지기 시작했다. 조수석에 탄 아이가 혼잣말을 했다.

"달님이 비에 젖으면 어떻게 하지."

"뭐라고?"

"달님이 비에 젖으면 어떻게 하냐고요?"

아이는 비가 오는 밤하늘을 바라보며 달이 비에 젖을까 걱정하고 있었다. 그 모습을 지켜보던 아내가 천천히 설명을 이어갔다.

"달님은 비에 젖지 않아. 비를 내리게 하는 구름보다 달님이 더 높은 데 살거든."

엄마의 설명을 듣고 있던 아이는 잘 이해가 되지 않는다는 표정으로 머리를 갸우뚱하더니 다시 목을 길게 빼고 차창 너머의 하늘을 보았다.

이제 성인이 된 아이는 달이 비에 젖을까 염려하지 않는다. 아이는 자라면서 교육과 학습을 통해서 지식을 얻고 무의식적인 직관을 억누른다. 그래서 어른이 되면 동심이 사라지는 것이다.

아이는 어린 시절 크레용으로 무언가를 열심히 그리곤 했다. 붉은 태양을 파랗게 칠하고 초록의 나무는 주황으로 표현하는 걸 지켜보면서 참 엉뚱하다고 생각했다.

"하늘은 파란색으로 칠해야 하고, 태양은 빨간색으로 칠해야 하는 거야. 나뭇잎은 초록색이고, 바다는 파란색…."

아이는 아빠의 설명을 들으며 갸우뚱하더니 그만 흥미를 잃고 다른 장난감을 찾아 나섰다.

20년이 흐른 지금 돌이켜보면 아이가 갸우뚱한 순간에 직관과 지식이 충돌했다. 어쩌면 아이는 파란색을 통해서 자신이 태어나면서 얻은, 배치되는 오행의 기운(色)을 누르며 균형을 찾은 게 아니었을까. 아기가 배고프면 울고 졸리면 아무 곳에서 편안하게 잠드는 것처럼.

색으로 인간 심리를
탐구하다

아이들의 그림이나 낙서에 사용된 색채는 인간 심리를 연구하는 중요한 단서가 된다. 1947년 미국의 여성 교육학자 알슐러와 해트윅이 《페인팅과 퍼스널리티: 아동에 대한 연구》라는 보고서를 발표했다. 이 보고서는 스위스 심리학자 막스 뤼셔가 발표한 《임상 뤼셔 색채 테스트》(1949)와 더불어 색채 심리학 연구의 기틀을 마련한다.

색채 심리란 색과 마음의 관계를 연구하는 학문이다. 색채 심리학은 색채를 활용하여 사람의 타고난 성격과 마음의 소리와 살아온 삶의 흔적, 무의식에 존재하는 자신을 발견한다. 그리고 이를 통해서 마음의 상처와 스트레스 등을 치유한다.

동서양을 막론하고 인간은 오래전부터 색이 사람에게 미치는 심리적 영향을 분석했다. 과학이 발달하면서는 모든 컬러에는 고유한 파장, 진동수, 에너지가 있다는 사실을 발견하고 이를 통해 색의 본질을 알아내고자 했다. 역사적으로 볼 때 문화권에 따라 이런 경향에 조금 차이가 있었다.

서양에서는 색채 심리를 활용해서 색이 상품 홍보와 판매, 음식의 맛, 성격 등에 미치는 영향을 분석하고 연구했다면 동양은 직접적 분석과 연구보다 오행(五行), 방향(方向), 계절(季節), 사주(四柱), 운명(運命) 등 생각과 상상의 관점에서 접근하면서 색에 대한 이해를 발전시켰다.

오늘날 색채 심리는 크게 응용 색채 심리와 심층 색채 심리로 나눌 수 있다. 응용 색채 심리는 색의 이미지, 색의 인상, 색의 특성 등 색의 심리학적 효과를 시각적 분위기 조성에 활용하는 것을 말한다. 주로 마케팅이나 건축 환경 디자인에 많이 적용된다. 반면에 심층적 색채 심리는 심리학의 영역에서 색을 활용한다.

색으로 심리 진단용 테스트 도구를 개발하고 치료의 도구로 사용하기도 한다.

컬러 세러피의
기원

색으로 마음을 치유하는 컬러 세러피는 언제부터 시작됐을까? 고대 중국에서는 오행(五行) 즉, 목(木), 화(火), 토(土), 금(金), 수(水)로 우주와 삼라만상을 구분하고 분석했다. 오행의 색상인 청(青), 적(赤), 황(黃), 백(白), 흑(黑)의 오행색의 에너지가 자연현상, 인간의 정서, 인간의 건강 등에 영향을 미친다고 생각했다.

고대 인도에서는 바람, 물, 불, 세 가지가 물질의 본질이나 성격이라고 분류하고 이 세 가지를 치료법에 활용했다는 기록이 전해온다. 고대 유럽의 건축물을 보면 화려한 스테인드글라스를 많이 볼 수 있는데 이는 유리를 통과한 다양한 색깔의 빛이 치유의 효과를 가졌다고 생각했기 때문이다.

고대 이집트인은 강렬한 태양을 에너지의 근원으로 숭배했다. 그들은 태양 에너지와 태양의 색상을 질병 치료에 활용했다. 신전의 방마다 다른 색들의 빛이 들어오도록 장치하고 그 빛으로 질병을 치료했다는 기록이 전해온다.

인류가 컬러 세러피를 본격적으로 연구하기 시작한 지는 얼마 되지 않았다. 심리학은 오랫동안 의학적인 치료 방법에 관심을 보였다. 이에 따라 약물치료나 수술과 같은 치료법과 달리 컬러 세러피는 연구하거나 조사해야 할 학문의 영역으로 취급하지 않았다. 그러나 최근 다양한 연구가 진행되면서 21세기의 새로운 대체 의학, 보완 의학으로 인정받기 시작했다.

UCLA 의대의 데이비드 히버 교수는 식물의 색깔을 식물성 생리활성 영양소(phytonutrient)라고 명명했다. 그는 이 물질이 인체의 DNA를 손상시키는 활성산소의 전자를 흡수해서 산소 손상으로부터 인체를 보호한다는 사실을 밝혀냈다. 식물의 다양한 색깔은 인체에 영향을 미치기 때문에 '무지개색 식사'를 하는 것이 유전자를 보호하고 회복하는 길이라고 주장했다. 미국의 신경외과 의사 노먼 쉴리는 광선 자극이 우리 신경계에 영향을 주는 것을 발견했다. 그는 이런 원리를 이용해 색깔이 있는 광선으로 통증과 우울증을 치료했다.

우리는 삶의 거의 모든 시간을 색과 함께한다. 아침에 눈을 뜨는 순간부터 다시 잠이 들 때까지, 심지어 꿈에서도 다양한 색채 속에서 살아간다. 자연에는 하늘, 산, 강, 바다, 햇빛, 나무, 구름, 들판 등 다양한 색이 존재한다. 집으로 돌아와도 마찬가지이다. 침실과 거실의 벽지와 장식, 식탁에 놓인 갖가지 그릇과 음식들, 집 밖의 건물, 버스, 지하철, 사람들의 다양한 옷까지, 보이는 모든 것이 제각각 색채를 발산하는 사물들이다. 인간은 색채에 둘러싸여 살아가고 있다고 해도 과언이 아니다.

우리는 색이 단순한 시각적 작용을 넘어서 생리적, 감정적, 심리적인 현상이라는 점을 이미 알고 있다. 구체적으로 색은 우리 마음에 어떻게 작용할까? 또 이를 어떻게 활용할 수 있을까? 지금까지 알려진 색깔별 특징과 효능을 간략하게 소개한다.

빨간색

따뜻하고 열정적이고 자극적인 색이다. 육체적으로 몸을 따뜻하게 하고 혈액 순환에 도움을 주므로 사지가 찬 사람에게 좋다. 이 색은 상처 입은 부위, 충혈된 부위를 완화시키는 효과가 있다. 우울증 치료에도 효과가 있다.

주황색

빨강의 육체적 자극과 보라의 정서적 자극을 동시에 지닌 정열적이고 에너지가 넘치는 색이다. 육체적으로 면역력을 향상시키고 혈액 순환, 심장병, 소화기 병, 신장, 변비 등에 효과가 있다. 우울증, 무기력증과 감정적 스트레스와 긴장감을 극복하는 데 도움이 된다.

노란색

태양의 색으로 희망, 화사, 밝음, 쾌활함을 내포하고 포용적이며 적극적인 색이다. 육체적으로 신장, 방광, 자궁, 비뇨기 등에 도움이 된다. 정신적으로 스트레스와 긴장감 등 혼탁한 머리를 맑게 하고 인지 기능을 높이고 새로운 흥미와 호기심을 유발시킨다. 좌뇌와 신경계를 자극해서 긍정적인 생각과 지식 축적을 돕는다.

초록색

새로운 시작, 새로운 생명 에너지를 발산하는 색이다. 육체적으로 가슴, 간, 담의 기능을 높이고 스트레스와 심신의 불안감을 감소시키며 차분함과 여유로움을 증가시킨다. 신경과 근육의 긴장을 낮추고 집중력을 높이며 마음을 평온하게 한다.

파란색

초록색과 비슷하게 새로운 에너지의 발산, 고요와 평화를 의미하는 자연의 색이다. 한의학에서는 간 건강과 담, 그리고 뼈의 기능을 향상시킨다고 본다. 컬러 세러피에서는 파란색이 림프와 혈액 순환을 원활하게 하고 알레르기와 피부 건강에 효과가 있다고 본다. 정신적으로 안정감을 주어 불면증 치료에 도움이 되고 신경과 마음을 평화롭게 한다.

남색

뛰어난 직관과 정서적 안정을 의미하는 색이다. 편두통과 두통을 완화하고 화상 치료, 땀띠 치료, 눈의 통증 치료 등에 효과가 좋다.

보라색

빨강의 열정적인 강인함과 파랑의 고요와 평화, 그리고 불안이 함께하는 신비한 색이다. 육체적으로는 비장을 자극하고 백혈구, 적혈구 등의 생성을 촉진하고 혈압 수축을 조절, 혈압을 낮추는 효과가 있으며 임파선과 근육 운동을 안정시킨다. 새로운 창의성과 아이디어가 샘솟게 하고 감정의 변화를 느끼게 하는 효과가 있다.

검은색

어둠과 죽음을 상징하는 색이다. 신장, 방광, 자궁, 비뇨기 등의 건강에 효과가 있다. 또 감정을 조절하여 정신이 산만하고 급한 성격을 차분하게 만들어주는 효과가 있다.

흰색

정신적인 영혼의 순수함과 깨끗함을 상징하는 색이다. 대장, 폐의 건강을 돕는다. 감정을 컨트롤하고 안정시키며 심신을 차분하게 한다.

색이란
무엇인가?

'색(色)'은 원래 불교 용어로서 '물질적인 것'을 의미했다. 그러다가 과학이 파동이자 입자로 존재하는 빛의 속성을 밝혀냄에 따라 '시신경에 대한 물리적 자극'으로 그 의미가 바뀌었다. 색은 빛과 동시에 존재한다. 빛이 없다면 색도 없다. 색을 연구하는 학문인 색채학에서 색은 물리적 현상으로서의 색과 이를 통해 우리가 인지한 색을 총칭하는 '심리 물리색(心理物理色)'이다.

빛의 파장에 따라 우리가 느끼는 색의 종류가 달라진다. 사람이 인지할 수 있는 파장의 빛을 가시광선이라고 하는데 무채색과 유채색을 비롯해 우리 눈이 감지할 수 있는 모든 파장의 색이 여기에 해당한다. 따라서 태초에 빛이 있었다는 말은 태초에 색이 있었다는 말과 동의어이다. 실제로 색은 지구의 탄생과 함께 시작됐다. 한마디로 빛의 파장에 대한 눈의 반응이 색이고 이는 색상, 명도, 채도의 속성을 가진다.

19세기 영국의 물리학자 아이작 뉴턴은 빛과 색의 관계를 과학적으로 증명했다. 뉴턴은 1666년 프리즘을 사용한 실험으로 빛과 색이 궁극적으로 같음을 증명했다. 그가 "색은 빛 그 자체다"라고 말한 이유이다.

그는 맑은 날 어두운 실험실 벽에 작은 구멍을 내고 이를 통해 들어오는 태양광에 프리즘을 대 뒤편 흰 스크린에 비치도록 했다. 프리즘을 통과한 빛은 여러 가지 다른 색으로 분리되어 스펙트럼을 만들었다. 스펙트럼의 색광들을 볼록렌즈로 실험한 결과 모든 색의 빛을 모으면 흰색의 빛이 된다는 사실을 발견했다. 흰색의 빛이 다양한 색으로 분리되고 이것이 다시 모여 흰색이 되었던 것이다. 뉴턴은 이를 통해 색이란 파장이 다른 빛의 집합이라는 것을 알아냈다. 그는 이 연구를 토대로 1706년 처음으로 색상환(color circle)을 만들었다.

그렇다면 색은 이처럼 우리 눈에 비친 각기 다른 파장의 빛에너지에 불과한 걸까? 당연히 그렇지 않다. 미국 와그너 색채연구소의 와그너 소장은 색의 인식에 영향을 주는 요소로 유전, 학습, 지역, 기후, 빛, 경제적 수준 등이 있다고 했다. 즉, 동일한 파장의 색이라도 사람마다 받아들이는 방식이 제각각이다. 시대와 문화에 따라 같은 색도 다르게 느낀다는 이야기이다.

현대는
색의 시대

색은 사회적·심리적 현상이기도 하다. 2020년 JTBC에서 방영한 드라마 〈이태원 클라쓰〉의 주인공 조이서는 끄트머리만 염색한 단발머리로 등장한다. 검은색과 노란색 머리카락이 대조를 이루는, 한눈에 보기에도 특이한 스타일이다. 색을 통해 평범함을 거부하고 톡톡 튀는 조이서의 캐릭터가 분명히 드러난다.

요즘은 텔레비전이 아니라 거리에서도 다양한 색깔의 머리카락과 수시로 마주칠 수 있다. 젊은 세대들에게 깜짝 놀랄 만큼 컬러풀한 머리카락은 자연스러운 현상이고 일상이다. 이들은 색을 체질화하여 자신만의 스타일을 드러내는 수단으로 활용한다.

갈수록 사회가 다양해지는 것도 풍부한 색이 등장하는 이유일 것이다. 한마디로 우리는 '색의 시대'에 살고 있다. 이때의 색은 밋밋하고 눈에 띄지 않는 무채색이 아니라 빨강, 노랑, 파랑, 핑크, 주황 등 원색들이다. 빨간색 융단, 주황색 소파, 노란색 커튼, 핑크색 벽지…. 파격적이고 다양한 색이 사무실, 집, 식당을 형형색색 물들이고 있다. 이제 단조로운 흑백의 시대는 지나갔다.

인간이 느끼는 심리적인 시간은 색의 영향을 받는다. 예를 들면 빨간색, 노란색, 주황색에 둘러싸인 환경에서는 시간이 길게 느껴진다. 시간이 길게 느껴진다는 것은 쉽게 지루해진다는 뜻이다. 밝은색으로 둘러싸인 환경에서는 활동하고 싶은 욕구가 생기기 때문에 짧은 시간도 지루하게 느껴지고 따라서 시간이 천천히 흐른다고 생각하게 된다.

인간의 신체가 어떻게 색에 반응하는지 연구한 결과가 있다. 1941년 LA 옥시덴탈 대학교 심리학 교수 길버트 브릭하우스는 수백 명의 대학생을 대상으로 붉은색 계열의 불빛과 일반적인 빛의 반응을 비교, 분석했다.

그랬더니 붉은색 불빛에서 근육의 반응이 녹색 불빛에서 반응보다 12퍼센트 정도 빨라지는 것을 알 수 있었다. 인간의 신체 기관은 어두운 빛보다 밝은 빛에 더 빨리 반응한다는 것이다.

한국에는 유독 터널이 많다. 기차를 타든 버스를 타든 자주 만나게 되는 것이 터널이다. 터널 안의 경고등은 붉은색 계열이면서 파장이 긴 주황색을 쓴다. 빨간색은 쉽게 눈이 피로해지기 때문이다. 대신 붉은 계열의 불빛이 주는 긴장감은 그대로여서 주위를 빠르게 인지하도록 한다. 자칫 잘못하면 사고가 날 위험이 있는 터널 안에서 운전자가 집중할 수 있도록 도와주는 것이 바로 붉은 계열의 빛이다.

이와 비슷한 이유로 예식장 바닥에 빨간색 카펫을 깐다. 빨간색이 결혼식을 축하한다는 의미도 있지만, 시간을 길게 느끼게 하는 효과도 있다. 예식장에서는 짧은 시간에 여러 쌍의 결혼식을 치러야 한다. 이때 빨간색이 짧은 시간임에도 긴 시간 결혼식을 하는 것처럼 착각하게 하고 예식을 충실하게 치르고 있다는 인상을 준다. 하객도 붉은 카펫 덕분에 내용이 충실한 결혼식에

참석한 것 같아서 만족스럽다. 예식 업체는 신랑 신부와 하객이 결혼식을 충분히 길게 하는 것처럼 느끼게 해서 대관 회전율을 높이는 효과를 얻는 것이다.

알아두면 좋은
색채 용어들

자연에 존재하는 색과 우리 마음에 존재하는 색이 서로 다르다는 사실, 신비롭지 않은가? 우리는 색을 흔하고 쉬운 것으로 여기지만 색을 잘 알기 위해서도 최소한의 공부가 필요하다. 다음은 이를 위해서라도 꼭 알아야 할 개념이다. 헷갈리기 쉬우니 잘 기억해두자.

색

물체 자체에서 발하는 빛을 말한다. 물체는 빛을 받으면 일부는 흡수하고 일부는 반사한다. 이때 어떤 파장의 빛을 반사하느냐에 따라 우리가 인식하는 그 물체의 색이 달라진다. 즉, 빛이 물체를 비출 때 그 파장에 따라 표면에 나타나는 특유한 빛깔을 말한다. 색에는 색상, 명도, 채도라는 중요한 세 가지 속성이 있다. 이들은 서로 영향을 주고받으며 밀접한 관계를 이룬다.

색채

색채는 물체가 반사한 빛을 눈이라는 감각 기관으로 인식한

현상이다. 이는 물리적 차이뿐만 아니라, 주관적·심리적 차이를 포함한 포괄적 개념이다. 그렇기에 인간의 활동 영역에 따라 서로 다른 의미로 쓰인다. 물리학에서 색채는 에너지, 경영학에서는 마케팅 요소, 정신분석학에서 감정의 표현, 예술에서의 미적인 표현 수단으로 파악한다.

색상(hue)

색상이란 각각의 색이 다른 색과 구별되는, 고유한 사물이 가진 성질이나 속성을 뜻한다. 이는 따뜻한 느낌을 주는 난색계와 차가운 느낌을 주는 한색계, 양쪽에 속하지 않는 중색계로 나뉜다. 빨강이나 주황은 난색계에 속하고 파랑, 남색 등이 대표적인 한색계이며 녹색이나 보라는 중색계에 속한다.

명도(value, brightness)

광도(光度)라고도 하며 색을 구별하는 감각적인 요소의 하나로 밝기의 정도를 의미한다. 색은 눈이 느끼는 밝기이므로 주변 물체에 따라서 달라진다. 이런 상대적인 밝음과 어둠의 속성을 명도라고 한다. 명도가 가장 낮은 색은 검은색이고 명도가 가장 높은 색은 흰색이다. 명도가 낮으면 어두운 느낌을, 명도가 높으면 밝은 느낌을 준다.

간판, 광고판, 표지판 등을 만들 때 설치물이 눈에 잘 띄려면 명도 차이가 많이 나는 색을 배합해서 디자인해야 한다.

채도(chroma, saturation)

색의 순수한 정도, 색의 강약, 포화도를 말한다. 순도라고도 한다. 일반적으로 짙고 선명하게 보이면 채도가 높다고 하고 흐리게 보이면 채도가 낮다고 한다.

무채색과 유채색

빛이 물체에 비출 때 모두 반사되면 흰색으로 보이고 반대로 모두 흡수되면 검은색으로 보인다. 색상이 아닌 밝고 어둠만을 가진 중립의 색, 명도만 있고 채도는 0인 색을 무채색이라고 한다. 대표적인 무채색은 흰색, 회색, 검은색이다. 무채색을 제외한, 색상이 있는 모든 색을 유채색이라고 한다.

순색(원색)

무채색이 섞이지 않은 색, 즉 각 색상에서 가장 채도가 높은 색을 말한다.

보색

서로 반대되는 색을 보색이라고 한다. 색상환에서 정반대에 있는 색이다.

톤(tone)

톤이 밝다, 톤이 어둡다는 말을 자주 쓴다. 이는 색의 상태를 나타내는 말로 명도와 채도를 합친 의미이다. 보통 색의 느낌을 전달할 때 수식어와 함께 쓰인다. 예컨대 '밝은 톤'은 밝고 따뜻한 이미지를 나타내고 '어두운 톤'은 점잖고 원숙한 이미지를 나타낸다. 자주 쓰이는 용어들은 다음과 같다.

- 비비드 톤(vivid tone): 화려한 이미지 톤
- 브라이트 톤(bright tone): 밝고 따뜻한 이미지 톤
- 스트롱 톤(strong tone): 깊이 있고 정열적 이미지 톤
- 라이트 톤(right tone): 산뜻하고 경쾌하고 밝은 이미지 톤
- 덜 톤(dull tone): 깊은 이미지 톤
- 페일 톤(pale tone): 얇고 경쾌하고 부드러운 이미지 톤
- 다크 톤(dark tone): 고상하고 원숙한 무게 이미지 톤
- 그레이 톤(gray tone): 세련되고 차분하고 원숙한 이미지 톤

색으로 보는
리더십

리더십과 색도 서로 연관이 있을까? 결론부터 말하자면 직접적으로 연결된다고 볼 수 없다. 하지만 색이 리더의 이미지를 만드는 데 중요한 역할을 하는 것은 사실이다.

유력 정치인으로 세 번이나 대한민국 대통령 선거에 출마해서 높은 지지율을 기록하고도 낙선한 이회창을 예로 보자. 그는 1935년 6월 2일생으로 사주는 을해(乙亥)년 신사(辛巳)월 기유(己酉)일 을축(乙丑)시로 사유축(巳酉丑)합으로 금(金)이 급격히 과다해진다.

이회창은 대법관, 감사원장, 국무총리를 거쳐서 신한국당 총재, 한나라당 총재로 대통령 후보로 대선에 세 번이나 출마했다. 처음 두 번의 선거에서는 많은 사람이 당선이 유력할 것으로 볼 정도로 지지율이 높았으나 실패했다.

이회창의 사주를 분석해보면 금(金)의 기운이 강하다. 금은 색으로 치면 흰색이고 성향이 계획적, 구조적, 구체적, 원칙적이며 깔끔하고 꼼꼼하다. 그는 항상 흰 와이셔츠에 정장을 차려입었고 머리는 깔끔하게 빗어 넘겼다. 머리카락이 한 올도 흘러내리지 않은 반듯한 헤어스타일은 그의 성격을 반영한다. 이는 금의 성향이 강한 사람이 선택하는 스타일이다.

흔히 사주 명리학을 두고 균형의 학문이라고 한다. 그만큼 조화와 균형을 중요시한다는 뜻이다. 사주 명리학에 입각해서 그의 실패를 분석하면 금의 기운이 너무 강했던 점을 꼽을 수 있다. 따라서 금을 더하는 대신 금과 상반된 목(木)이나 화(火)를 활용했으면 대통령이 되었을 거로 확신한다.

목은 파랑, 초록, 남색, 하늘색 등의 푸른빛이 도는 색상이고 화는 빨강, 핑크 등 붉은빛이 도는 색상이다. 흰색 와이셔츠 대신 파스텔 톤의 파란색, 빨간색 계통의 와이셔츠를 입었다면 얼마나 좋았을까.

헤어스타일 또한 너무 고집스럽고 정돈된 형태보다 자연스러운 스타일로 이미지를 부드럽게 만들 필요가 있었다. 안경테 또한 금테, 은테가 아니라 색이 있는 뿔테를 썼으면 부드럽고 따뜻한 이미지, 이웃집 아저씨 같은 친근한 이미지를 만들 수 있었을 것이다.

선거 공약에도 네거티브 전략이 많았다. 상대방 후보가 난폭한 버스 운전을 하는 것처럼 보이는 홍보 영상을 만드는 등 상대

후보를 비판하는 데 너무 많은 노력을 할애했다. 이 또한 이회창의 차갑고 날카로운 이미지를 더욱 확고하게 했다.

젊음의 파랑과
열정의 빨강

김대중 전 대통령은 대통령이 되기 전 평생에 걸쳐 빨갱이라는 소리를 들어야 했다. 박정희는 김대중을 인정사정없는 공산주의자로 보이도록 공작을 거듭했다. 그 뒤를 이어 무력으로 정권을 잡은 전두환은 그를 사형의 문턱까지 밀어붙였다. 1981년에 대법원에서 국가보안법상 '반국가 단체 구성 및 수괴' 혐의로 그에게 사형을 확정했다.

그러나 시민들의 저항으로 군부독재가 물러가고 김대중은 민주화 운동에 힘입어 다시 정치의 일선에 나선다. 1997년 대선 정국에서 김대중은 김종필, 박태준과 손잡고 대선에 출마했다. 그는 기존의 차가운 이미지를 벗어나려고 부단하게 노력했다. 김대중은 평소 짙은 색 양복에 흰 와이셔츠를 입고 단정하게 빗어 넘긴 머리를 고수했다. 그러나 1997년 대선 선거 기간에는 넥타이를 매지 않을 때도 많았고 양복 재킷에 다양한 색상의 손수건을 꽂아 세련되면서 부드러운 이미지를 연출했다.

김대중 전 대통령은 양력 1924년 1월 6일, 음력 1923년 12월 1일 유(酉)시에 태어났다. 사주를 풀어보면 계해(癸亥)년 갑자(甲子)월 갑신(甲申)일 계유(癸酉)시이다. 오행으로 보면 수(水)가 네

개 있고 점수로는 60, 금(金)이 두 개 30, 목(木)은 두 개 20으로 수
(水)가 압도적으로 많다.

수는 머리가 좋고 숫자 감각이 뛰어나며 아이디어가 다양하
고 창의성과 정치적 감각이 뛰어나다. 신중하고 계산적이다 보
니 밝게 웃는 모습보다는 진중하게 고민하는 모습을 많이 보인
다. 게다가 평생을 빨갱이로 몰려 언론에 오르내리다 보니 차가
운 이미지가 굳어졌다.

그래서 그는 차가운 이미지를 빨간색, 보라색, 하늘색, 분홍색
손수건으로 부드럽게 하고 넥타이를 매지 않은 채로 등장하거나
핑크색, 하늘색 와이셔츠를 입고 대중 앞에 섰다. 수의 차가운 이
미지를 따뜻한 이미지로 변신시킨 것이다. 이 밖에 당대 인기 가
수인 DJ DOC와 함께 춤을 추거나 꽹과리를 치며 공연하는 등
친근한 이미지로 국민의 옆에 다가섰다.

김대중 후보는 1997년 대선을 치르면서 비로소 자신의 색을
찾았다. 부드럽고 따뜻하며 포용적인 이미지로 국민의 사랑을
받고 1998년 대통령에 취임하게 되었다. 운명과 잘 맞는 색이 대
통령을 만들지는 못해도 대통령이 되는 데에는 분명히 도움이
된다.

그렇다면 정치인에게는 어떤 색이 유리하게 작용할까? 우선
계절을 잘 생각해야 한다. 2017년 19대 대선 이후 이제 대통령
선거는 봄에 치러진다. 그 이전까지 있었던 겨울 선거에는 따뜻
한 온기가 느껴지는 색상이 호감을 자아냈다면 봄 선거는 겨울

선거에 비해 따뜻한 색을 내세우지 않아도 된다. 새싹이 움터서 푸른 잎과 울긋불긋 꽃을 피우듯 봄의 기운이 느껴지는 색, 새로운 시작과 출발을 상징하는 싱그러운 색을 잘 활용해야 좋다.

일본의 색 연구소에 따르면 파랑, 빨강, 노랑, 하양, 검정과 같은 명확한 색이 머릿속에 각인되기 쉽고 색을 통해서 떠오르는 단어도 많다고 한다. 단어가 많이 연상되는 것은 오래, 확실히 기억되는 걸 의미한다. 그래서 대선에서는 명확한 색이 많이 쓰인다. 색과 색의 결합으로 이루어진 보라색, 자주색, 회색, 분홍색, 하늘색 등의 색상보다 파랑, 빨강, 노랑이 선명하게 인식되기 때문이다. 정당의 색상을 혼합되지 않은 선명한 색으로 정해야 국민 또는 지지를 보내는 당원에게 또렷하게 기억된다.

일반적으로 정당의 색상으로 중간색이나 파스텔 톤의 색보다는 선명한 색상을 쓰는 게 유리하다. 추운 계절에 치르는 선거에는 따뜻한 색상을, 더운 여름 선거에는 차가운 색상을 선택하면 좋다. 가을이나 겨울 선거는 빨간색, 노란색이 유리하고 봄과 여름 선거는 파란색이나 남색이 유리하다.

21대 총선에서 미래통합당은 분홍색을, 더불어민주당은 파란색을 상징색으로 선택했다. 당시 선거는 봄에 치렀고 빨간색이나 분홍색은 더운 느낌이 강하다. 파란색은 봄에 시원하고 청명한 느낌을 준다. 선거에서 두 당의 색상 선택은 더불어민주당의 승리라고 봐야 할 것이다.

그러나 무엇보다 중요한 것은 정당으로서의 기본 역할을 충실히 하는 것이다. 선거에 임하면서 정책 개발은 게을리하고 네거티브 전략만 앞세우거나 다른 당을 비판한다고 해서 국민의 사랑을 받기는 어렵다. 정당이 선거에 임할 때는 국민이 필요한 정책을 개발하고 실천하려는 의지가 강력하게 보여야 한다. 본연의 일에 충실했을 때 색은 그 효력을 더 잘 발휘할 것이다.

청바지의
탄생

우리나라 정당의 색을 잘 살펴보면 대대로 빨간색과 파란색 계열이 많다. 그 이유가 뭘까?

동양에서 파란색은 그 자체로 젊음을 뜻한다. 젊은 시절을 '청춘(靑春)'이라고 부르고 청년의 희망을 '청운(靑雲)의 꿈'이라고 표현한다. 학문적 소양이 높고 높은 벼슬에 오른 사람은 '청운지사(靑雲之士)'라 일컫는다. 또 파랑새는 희망과 행운, 반가운 소식을 가져다주는 길조로 본다.

'청출어람(靑出於藍)'은 푸른색이 쪽에서 나왔으나 쪽보다 빛이 더 푸르다는 뜻으로 제자가 스승보다 나은 모습을 비유한 말이다. '독야청청(獨也靑靑)'은 홀로 푸르다는 뜻으로 홀로 높은 절개를 지켜 늘 변함이 없다는 의미로 통한다.

파란색은 남자를 상징하기도 한다. '청일점(靑一點)'이 여자들 사이에 있는 한 명의 남자를 의미하는 것이 그 예다.

서양에서도 파란색은 젊음과 통한다. 젊음의 상징인 청바지

만 봐도 알 수 있다. 청바지의 탄생은 독사가 파란색을 싫어하는
데서 비롯됐다. 1850년대 초 미국의 서부 금광 지역에서 노동자
들이 일할 때 작업용 갈색 바지를 많이 입었다. 그런데 이런 바지
를 만들어 팔던 상인 리바이 스트라우스는 어느 날 파란색이 독
사를 물리친다는 이야기를 듣는다. 파란색을 만드는 천연염료인
인디고에 뱀이나 벌레가 싫어하는 성분이 있다는 것이다. 실제
로 독사에 물려 목숨을 잃는 노동자들이 꽤 있었던 탓에 작업복
은 결코 사소한 문제가 아니었다.

　여기에 힌트를 얻은 리바이 스트라우스는 바지 옷감을 질긴
데님(denim)으로 바꾸고 파란색 염료로 염색한 바지를 선보인다.
그 후 청바지는 날개 돋친 듯 팔려나가고 리바이스는 청바지의
대명사가 된다. 오늘날 청바지는 작업복 이미지와는 한참 멀리
와 있다. 젊음의 상징이며 편안함과 자유로움을 대변하는 옷이
다. 파란색이 주는 젊음과 신선함, 새로움의 이미지 때문에 세계
의 많은 정당이 파란색을 상징색으로 쓴다.

　파란색이 젊음이라면 빨간색은 열정이다. 우리나라 사람들에
게 붉은색 하면 제일 먼저 떠오르는 것은 '붉은 악마'일 것이다.
하지만 이전에는 붉은색 하면 공산주의 국가, 사회주의 국가가
떠올랐다. 실제로 중국, 러시아, 북한 등 대다수 사회주의 국가가
국기에 빨간색을 사용하고 있다. 사회주의 국가는 왜 하필이면
빨간색을 선택한 걸까?

　예로부터 빨간색은 열정, 용기, 도전, 용맹, 도전, 공격의 색이

었다. 사람들은 색을 통해서 용기와 열정을 북돋는데, 이때 빨간색의 에너지를 따를 색이 없다. 고대 그리스인이나 에트루리아(고대 이탈리아 중부) 사람들은 전쟁터로 나가기 전에 온몸을 붉게 칠해서 용기를 북돋고 공격성을 자극했다. 10세기경 명성을 떨쳤던 바이킹도 전투에 나갈 때는 배의 돛대 위에 붉은 방패를 매달아 전쟁을 선포하는 동시에 공격성을 표현했다. 바이킹 후손인 덴마크 해병도 붉은 깃발을 공격의 신호로 삼는다. 또 한국의 해병대나 훈련소 조교도 빨간 모자를 쓰고 용기와 열정을 강조한다.

사회주의 국가들이 붉은색을 선호하는 것은 러시아 왕실을 전복한 러시아 공산 혁명가들이 붉은색을 사용한 데서 유래했다. 그들은 붉은색을 피의 혁명, 용기, 도전 정신, 반항으로 받아들였다. 사회주의 국가가 빨간색을 쓰면서 민주주의 국가들은 자연스럽게 붉은색에 거부 반응을 보였다. 그래서 민주주의 국가에서는 '빨갱이', '레드 콤플렉스'같이 부정적인 표현에 빨간색을 쓰곤 했다.

이런 빨간색이 월드컵에서 다시 한 번 주목받았다. 2002년 대한민국 전역이 빨간색으로 물들었다. 빨간색 옷과 응원 도구가 불티나게 팔렸고 빨간색은 사회주의의 전유물이 아닌 대중적인 색으로 자리 잡았다. 붉은악마 이후로는 보수 정당인 자유한국당의 대선 후보였던 박근혜도 빨간색을 선거에 활용했다. 그만큼 한국 정치에서 빨간색에 덧씌워진 프레임과 거부 반응이 힘을 잃은 것이다.

특별하고
상서로운 색

오늘날 파란색과 빨간색이 정계에서
인기 있는 색이지만 우리나라 사람들이 오랜 옛날부터 가장 좋
아하고 신성시까지 했던 색은 흰색이다. 얼마나 흰색을 좋아했
는지 흰색 옷을 즐겨 입는 민족, 즉 '백의민족(白衣民族)'이란 별칭
이 붙었다.

옛날 선조들은 흰색 동물이 나타나면 좋은 일, 상서로운 일의
징조로 여겼다. 제주도 한라산의 백록담은 한라산 꼭대기에 흰
사슴이 살았다 해서 붙여진 이름이다. 흰색 호랑이나 흰색 뱀 같
은 동물이 나타나면 지금도 뉴스거리가 된다. 2004년 4월에는
"흰 까치 한 마리가 경북 군위에 나타나 마을의 들판과 산을 날
아다녀 신비감을 더해준다"며 각 언론에서 흰색 까치를 신비한
길조로 소개했다. 2012년 7월에는 강원도 정선에 흰 까마귀가
나타나 화제를 모은 바 있다.

흰색 동물을 상서로운 징조로 받아들이는 것은 아시아 문화
권의 유구한 전통이다. 우리 역사에 처음 기록된 흰색 동물은 기
원전 18년 고구려 제2대 왕인 유리왕이 사냥터에서 잡았다는 흰
노루다. 삼국사기에는 상당수의 흰색 동물이 등장하는데 기원전
213년 백제 초고왕은 흰 사슴을 잡아서 바친 사람에게 곡식 100

석을 하사했고, 441년 신라 눌지왕은 흰 꿩을 잡아 바친 관리에게 큰 상을 내렸다.

《일본서기》에도 650년 2월 농부 한 명이 흰 꿩을 잡아서 천왕에게 바쳤다는 기록이 있다. 그러자 대궐에서는 흰 꿩의 의미를 두고 혼란스러워했다. 그때 일본에 망명해 있던 백제 귀족이 이렇게 일러주었다.

"흰 꿩의 출연은 중국 한나라 시기에도 있었던 상서로운 징조로 태평성대를 의미합니다."

그러자 천왕은 이 꿩을 날려 보내고 농부에게도 큰 상을 하사하고 연호를 흰 꿩을 뜻하는 백치(白雉)로 바꾸었다.

일본은 연호에 흰 동물을 많이 사용하는데 대표적으로 흰 사슴인 백록(白鹿 1345~1346년), 흰 봉황인 백봉(白鳳 673년)이 있다. 중국도 흰 용인 백룡(白龍 925~926년), 흰 참새인 백작(白雀 384~386년)을 연호로 썼다.

우리나라에서는 선비의 옷을 흰 학에 비유하고 '학창의'라고 불렀다. 천마총의 무덤에 그려진, 명당의 조건을 따질 때 매우 중요한 사신사(四神砂)에도 흰 호랑이인 백호가 등장하여 우측 또는 서쪽을 상징한다. 고구려 주몽과 신라 박혁거세가 태어난 흰 알 또한 상서로움을 상징한다. 우리나라뿐만 아니라 태국이나 스리랑카와 같은 불교 국가에서는 흰 코끼리를 상서로운 동물로 여겼다.

명리학에서도 흰색은 특별함을 의미한다. 백호대살(白虎大殺),

백마(白馬)띠 등 흰색을 평범하지 않은 강력하고 비범한 것으로 인식한다. 여자 사주에 '백호대살'이 있으면 남편이 피를 흘리고 죽는다고 해서 강한 기운의 부정적 살로 평가했다.

사주(四柱) 중 연주에 백호대살이 있으면 조부모가, 월주에 백호대살이 있으면 부모 형제가, 일주에 백호대살이 있으면 나와 배우자가, 시주에 백호대살이 있으면 자식이 피를 흘리며 죽는다는 부정적인 살로 백호대살은 많은 역술가의 입에 오르내렸다. 그러면 겁을 먹은 사람들이 부적이나 굿을 하기도 했다. 아마도 백마띠 여자가 팔자가 세다는 설 또한 흰색에 대한 신성함, 두려움에서 시작됐을 것이다.

그러면 무엇 때문에 백호대살과 백마띠가 두려움의 살이 되었을까? 사실 백호대살이나 백마띠는 활동성과 적극성의 상징이다. 여성이 백호대살이 많거나 백마띠라면 커리어 우먼 기질이 강하다. 가부장적, 유교적 관습에 젖어 있는 남성 입장에서는 여성의 활동성이 두려웠을 것이다. 평범하고 순종적인 여성을 원하는 가부장제의 요구와 활동적이고 자신의 삶을 주도적으로 살아가는 여성에 대한 두려움이 백호대살과 백마띠를 향한 거부 반응으로 나타난 셈이다.

스티브 잡스와
흰색의 재발견

흰색은 영혼의 순수함과 깨끗함을 상징하는 색이다. 대장, 폐의 건강을 향상시키는 효과가 있고 감정을 조절하고 안정시키며 심신을 차분하게 한다. 2021년 신축년(辛丑年)은 하얀색 소의 해다. 그래서인지 새해부터 큰 눈도 여러 번 내렸다. 여기에 기업도 앞다투어 흰색 마케팅을 선보인다. 조금은 심심하게 여겨졌던 흰색이 다시 시선을 끌고 있다.

세상에는 수많은 색이 있지만 흰색만의 고유한 매력은 그 어떤 색에도 뒤지지 않는다. 그래서 사람들은 흰색을 좋아한다. 자동차 색으로도 인기가 높다. 한국에 다니는 차량 세 대 중 한 대가 흰색이라는 통계가 있다.

이런 경향은 전 세계적이다. 미국, 아시아, 유럽 등을 가리지 않고 흰 차를 선호한다. 심지어 흰색 모델을 사려고 추가금을 내기까지 한다. 그저 색이 다를 뿐인데 비용을 더 내다니, 자동차 회사의 상술을 비난해야 할까? 왜 흰색 차를 사는데 돈을 더 얹어줘야 하는 걸까?

사실은 이렇다. 추가금이 발생하는 흰색은 평범한 흰색이 아니다. '화이트 펄' 즉 하얀 진주색이다. 흰색에 광택이 더해진 것이다. 이런 반짝이는 효과를 내려고 조개껍데기 가루 등 고가의 재료를 쓰기 때문에 가격이 비싼 것이다.

흰색 위에 세운
왕국

자동차 외에도 흰색은 가전제품에도 많이 쓰인다. 예전에는 냉장고나 에어컨, 세탁기, 전자레인지 등 웬만한 가전제품은 모두 흰색이었다. 그래서 이를 두고 '백색 가전'이라고 부르기도 했다. 가정에서 쓰이는 제품이다 보니 청결한 이미지의 흰색을 선호했을지도 모른다.

이렇게 흰색은 청결이나 의료의 상징으로 통한다. 그래서 흰색의 활용도 가전제품, 화장실과 욕실, 병원과 제약 등의 이미지에 국한되는 경향이 있다. 그런데 흰색의 한정된 이미지를 단숨에 '현대적인 것', '첨단의 기술'로 바꾸어놓은 인물이 있다. 그 주인공은 바로 애플의 전 CEO인 스티브 잡스다.

애플은 자사가 생산하는 각종 기기는 물론 외부 포장, 매장인 애플스토어 외장 등에 흰색을 사용한다. 애플 제품을 구입해본 사람이라면 순백의 하얀색 박스를 기억할 것이다. 심지어 쇼핑백조차 흰색이다. 한마디로 애플은 흰색 위에 세운 왕국이다. 애플이 흰색을 재발견했다는 평가도 과언이 아니다.

스티브 잡스는 병화(丙火), 즉 큰불의 사주를 타고났다. 화(火)의 열정적인 기질과 토(土)의 관계성을 갖췄다. 소통에 관심이 많은 것도 토의 기질이 강하기 때문이다. 그는 신제품을 소개하고 설명할 때도 직접 무대 위에 나선다. 이는 화의 표현력과 토의 관계 지향성을 발산하기 위해서다.

흰색과도 잘 어울리는 사주다. 한입 베어 문 사과인 애플의 로고도 절묘하다. 온전한 사과가 아니고 한 입 베었기 때문에 언제나 구설수와 화제가 따르고 약간의 굴곡이 있다. 잘만 활용하면 일종의 노이즈 마케팅이 되기도 한다.

또 예민한 기질을 타고난 탓에 건강상의 문제가 생기기 쉬운 운명이다. 신경이 예민하고 배짱보다 소심한 면이 있어서 스트레스를 잘 받는다. 이 때문에 사업하면서 건강이 악화됐을 가능성이 높다.

왜
흰색일까?

흰색은 또한 페미니즘을 상징한다. 서구 여성들에게 흰색의 의미는 각별하다. 20세기 초 여성 참정권 운동가였던 '서프러제트(suffragette)'들이 즐겨 입던 흰옷이 '서프

러제트 화이트'로 일컬어지며 페미니즘 운동의 상징이 되었다.

2020년 11월 미국의 첫 여성 부통령이 된 카멀라 해리스도 조 바이든 대통령의 당선을 축하하는 자리에서 흰색 정장을 입었다. 이는 단순한 패션이 아니라 정치적인 메시지였다. 〈뉴욕 타임스〉의 패션 평론가 바네사 프리드먼은 이날 카멀라 해리스가 입은 흰색 정장을 이렇게 해석했다.

"여성 정치인들이 추구하는 목적의 품격을 의미하며, 좌절을 의미하던 것에서 마침내 성취의 상징이 됐다."

이 밖에도 독자들은 다음과 같은 말들을 한 번쯤은 들어보았을 것이다. 모두 흰색의 이미지와 결합된 것들이다.

화이트 리스트(white list)

1996년 영국에서 난민 및 이민법 제정 당시 도입된 개념으로 심각한 핍박 및 박해의 가능성이 적은 국가들의 명단을 이르는 말이다. 자국의 안전 보장에 위협이 될 수 있는 첨단 기술과 전자 부품 등을 타 국가에 수출할 때 허가 신청이나 절차에서 우대를 해주는 국가를 말한다. 최근 일본이 한국을 화이트 리스트에서 배제하면서 논란이 있었다. 안전 우호국, 백색 국가 등으로도 불린다.

화이트 아웃(white out)

화이트 아웃은 눈보라, 모래 폭풍 등 기상 악화로 시야 확보가 불가능한 현상을 의미한다. 하얀색은 거의 모든 가시광선을 반사하는데 우리 눈이나 카메라에 영향을 미친다. 쉽게 말해서 사방에 반사판을 설치해둔 것과 같은 효과로 이미지가 더 밝게 보인다. 밝은 부분과 어두운 부분의 차이가 대략 여덟 배가 넘으면 주변을 명확하게 볼 수 없는데 이것이 바로 화이트 아웃이다.

블랙,
절대적인 아름다움

"검은색을 존경해야 한다. 어느 무엇도 그것을 대체할 수 없다. 어떤 색보다도 아름답다."

프랑스 화가 오딜롱 르동이 한 말이다.

검은색은 1360년 무렵에 처음으로 옷감에 날염하는 방법이 발견됐다. 그러나 검은색 옷을 아무나 입을 수 있는 건 아니었다. 오직 부유한 상류층만이 입을 수 있었다. 이런 경향은 1810년대까지 계속됐다. 그래서 귀족 의복의 33퍼센트, 관료 의복의 44퍼센트가 검은색이었다. 당연히 평민에게도 인기가 많아서 의복의 29퍼센트가 검은색이었다.

그러나 역사적으로 보면 검은색은 부정적인 의미를 상징했다. 구약 창세기에 보면 이런 말이 나온다. "빛이 있으라 하시니 그곳에 빛이 놓였다." 즉, 신이 빛을 창조하기 전 이 세상은 짙은 어둠만이 존재했다. 인간에게 어둠은 공포이자 두려움, 불안이고 그것은 곧 검은색과 상통했다. 서구 문화뿐만 아니라 대부분 문화권에서 검은색은 죽음을 상징하며 공포의 감정을 불러일으킨다. 장례식에서 검은색 옷을 입는 것도 그 때문이다.

그러나 이게 다가 아니다. 검은색은 한편 기품과 카리스마를 상징하는 색이기도 하다. 오늘날 검은색에 대한 이미지가 특히 그렇다. 고급 제품, 프리미엄 제품 하면 어떤 색이 떠오르는가? 소비자들은 자연스럽게 검은색을 떠올린다. 자동차만 봐도 그렇고 연회비가 엄청나게 비싼 최고급 신용카드를 블랙 카드라고 부르는 것만 봐도 그렇다. 휴대폰, 디지털카메라, 노트북 등의 제품에서 고가 라인을 출시할 때도 검은색을 활용한다. 검은색이 주는 안정성, 중후함, 강직함, 무게감 때문이다. 이러한 검은색의 고급스러운 이미지를 극대화하는 분야가 바로 명품 시장이다.

이렇게 된 데에는 샤넬의 영향이 크다. 명품 브랜드의 대표 주자인 샤넬을 설립한 가브리엘 샤넬은 원래 모자 디자이너였다. 그 성공을 기반으로 1926년 긴소매에 무릎까지 내려오는 길이의 '리틀 블랙 드레스'를 발표했다. 검은색만의 심플함이 주는 현대적인 세련됨으로 이 옷은 엄청난 인기를 끌었다. 1961년에 개봉하여 큰 인기를 모았던 영화 〈티파니에서 아침을〉에서 주인공 오드리 헵번이 입고 나온 바로 그 드레스이다.

샤넬은 여성 의류의 디자인을 파격적으로 바꾼다. 제1차 세계대전이 끝나고 남자들 대신 일을 해야 했던 여성들에게 아름다움과 실용성 두 가지 면에서 뜨거운 호응을 얻었던 것이다. 그전까지만 해도 불편하고 답답한 복식으로부터 여성들을 해방시킨 것이다.

당시만 해도 올 블랙은 의복에 쓰는 색상이 아니었다. 도둑이나 강도 등 부정적인 이미지를 주는 색으로 간주됐는데 샤넬은 이런 부정적인 이미지를 정반대로 바꿔놓는다. 지금도 결혼을 앞둔 신부가 가장 받고 싶어 하는 선물이 샤넬의 검은색 빈티지 체인 백이며 이 가방의 가격은 1,000만 원이 훌쩍 넘는다.

도대체 샤넬은 어떤 운명을 타고났기에 이런 큰일을 해냈을까?

코코 샤넬의 본명은 가브리엘 샤넬로 1883년 프랑스의 빈민가에서 태어났다. 샤넬의 어머니는 그가 열두 살이 되던 해 세상을 떠났고 가난에 시달리던 아버지는 결국 그를 보육원으로 보냈다. 불우한 어린 시절을 지냈던 그는 보육원에서 바느질 등 의복에 관한 기술을 익혔고, 성인이 된 직후 보육원을 나와 봉제 공장에 취직한다.

돈벌이가 턱없이 부족했던 그는 밤에도 일했는데 조그마한 술집 무대에 올라 노래를 불렀다. 샤넬의 노래를 듣던 술집 손님들이 '코코'라고 불렀고 그는 본명 대신에 '코코 샤넬'이라는 별명으로 더 유명해졌다.

샤넬의 사주는 을목(乙木)으로 작은 나무, 난초 같은 인물이다. 8월생으로 타고난 고유 색상은 파스텔 톤의 초록색과 분홍색이다. 두 색은 모두 예술적인 끼와 예민한 감수성을 상징한다.

그는 사업가라기보다 예술가에 더 가깝다. 강한 리더십을 가진 사업가가 아니라서 보통의 사업을 했다면 실패할 수도 있지만 예술적인 끼로 인해서 패션으로 성공한 셈이다. 타고난 색은 초록색과 분홍색이지만 검은색과 흰색 등 무채색 계열을 많이 사용하면 유리한 운명이다.

부모 복이 없는 그가 자수성가로 엄청난 성공을 거둔 데에는 샤넬의 상징색인 검은색과 깨끗하고 순수한 흰색의 덕을 많이 봤다. 샤넬은 생전에 검은색과 흰색에 관해서 이렇게 말했다.

"블랙이야말로 모든 색상을 담고 있는 색이다. 화이트도 마찬가지다. 그 아름다움은 절대적이다"

왜
블랙일까?

블랙박스나 블랙리스트 같은 단어의 어원을 생각해본 적이 있는가? 많고 많은 색 중에 왜 하필 검은색일까? 검은색이 가진 이미지를 활용한 단어의 의미를 알아보자.

블랙박스(black box)

항공기에 탑재하는 비행기록 장치(flight data recorder, FDR)와 조종실 녹음 장치(cockpit voice recorder, CVR)를 넣어둔 금속 상자를 통칭한다. 이름과 달리 사고가 났을 때 찾기 쉽도록 붉은색이나 오렌지색을 많이 쓴다. 채도가 높은 색으로 만들어서 한밤중의 산

속에서나 바다에서도 발견이 쉽도록 했다.

그렇다면 검은색도 아닌데 굳이 블랙박스라고 이름을 붙인 이유가 뭘까? 블랙박스는 모든 증거와 정황이 담겨 있는 비밀스러운 장치로서 함부로 열어볼 수 없는 구조로 되어 있다. 비밀, 증거, 폐쇄성의 이미지가 검은색과 어울리기 때문에 블랙박스라고 불렀다는 유래가 있다.

블랙핑크(BLACK PINK)

발표하는 신곡마다 음원 차트를 석권하며 글로벌한 인기를 누리고 있는 걸 그룹 블랙핑크. 상반되는 두 색을 조합한 이 걸 그룹의 이름은 시크하면서도 발랄한 멤버들의 분위기와 너무나 잘 어울린다.

블랙핑크는 제니, 리사, 지수, 로제 네 명으로 구성되었다. 예쁜 색의 대명사인 핑크를 부정하며 '예쁜 것이 다가 아니다'라는 반전의 의미를 담아서 블랙핑크라고 이름을 지었다고 한다. 처음에 이 그룹의 이름이 '핑크핑크'였음을 생각하면 블랙핑크로 이름을 바꾼 것은 신의 한 수다.

블랙아웃(black out)

눈앞이 캄캄해지는 현상을 뜻하는 말이다. 정신 잃음, 등화관제, 정점, 암전(暗轉), 기절 등 여러 가지 상황에 쓰인다. 이를테면 술을 마시다 '필름이 끊'길 때와 같은 상태이다. 수술 시 전신마

취를 할 때도 블랙아웃을 겪는다.

블랙아웃의 반대말은 '레드아웃'이다. 국립어학원에서는 우리말 다듬기 운동의 일환으로 직관적으로 알기 어려운 블랙아웃 대신 '대정전'으로 순화해서 사용할 것을 제안했다.

블랙리스트(black list)

경계를 요하는 사람들의 목록을 의미한다. 고용 환경에서는 공식적, 비공식적으로 지원자들의 자격 요건을 무시하는 것을 뜻하기도 한다. 우리나라에서 '블랙리스트'라는 용어가 널리 알려진 사건이 있었다. 바로 이명박, 박근혜 정부에서 있었던 블랙리스트 사건이다. 정부에 비판적이라는 이유로 블랙리스트에 등재되어 오랫동안 활동이 묶인 문화 예술인이 있었음이 뒤늦게 밝혀져서 공분을 샀다.

블랙 메일(black mail)

공갈이나 협박하는 내용을 담은 편지를 말한다. 그 자체로 '협박', '돈의 갈취', '협박하다'는 뜻이 있다.

조커는 왜
보라색을 입었을까?

조커는 DC코믹스의 대표적인 악당 캐릭터이다. 끔찍하게 찢어진 입에서 흘러나오는 소름 끼치게 무서운 웃음, 헝클어진 머리에 보라색 슈트는 한눈에도 그가 미치광이임을 알게 해준다.

영화에서 조커 역은 모두 할리우드의 유명 배우들이 맡았다. 먼저 〈배트맨〉에서 조커 역을 맡은 잭 니콜슨이 있다. 그는 후에 촬영 내내 상당한 스트레스로 정서 불안에 시달리다 정신과 상담을 2년간 받았다고 밝혔다. 〈샤이닝〉, 〈뻐꾸기 둥지 위로 날아간 새〉에서도 광기 어린 연기를 훌륭하게 소화해 극찬을 받은 배우임에도 그만큼 힘이 들었다는 얘기다.

잭 니콜슨에 이어 〈다크 나이트〉에서 2대 조커 역을 맡은 배우는 히스 레저이다. 그는 평론가들로부터 조커가 환생한 것 같다는 평을 들을 만큼 명연기를 펼쳤다. 그러나 안타깝게도 영화가 개봉하기도 전에 약물 과다 복용으로 사망했다. 역할에 너무 심취해서 그런 불행한 선택을 한 것은 아닌가 하는 의심을 샀다. 이 때문에 조커 역을 맡으면 배우가 미치광이가 된다는 소문이 날 정도였다. 2019년 개봉한 영화 〈조커〉의 주인공 역은 호아킨 피닉스가 맡았다. 그는 이 영화로 아카데미 남우 주연상을 수상했다.

조커는 목표도, 일관된 욕망도 없이 움직이는 악당으로 혼돈 그 자체이다. 그런 그가 즐겨 입는 옷이 보라색 슈트다. 조커가 보라색 의상을 입고 검은색 슈트를 입는 배트맨과 싸우는 것은 여러 가지로 의미심장하다.

배트맨은 조커에 맞서서 신분을 숨긴 채 외롭게 싸운다. 악당을 응징한다는 점에서는 다른 슈퍼 히어로들과 다르지 않다. 차이가 있다면, 낮이 아닌 밤에 활동한다는 점이다. 그는 검은색으로 자신의 존재를 감춘다.

그렇다면 조커는 왜 보라색 옷을 입을까? 보라색이 내포하는 이미지는 매우 다양하다. 보라는 신비롭고 몽환적인 분위기를 발산한다. 빨간색과 파란색의 조합이라서 조화와 화합의 상징이기도 하고 심리학에서는 불안과 고독, 반항과 광기의 색으로 해석된다. 그래서 보라색은 어떤 색보다도 예술적이고 감성적이다. 예술, 연예계, 친밀감 형성 같은 감성에 호소하는 목적으로 활용하기 좋은 색이다. 같은 이유로 정치, 경제와는 동떨어진 색이다.

감성을 적시는
보라색 영화 두 편

다채로운 보라색의 이미지는 특히 영화에서 환영받는다. 보라색 이미지를 내세운 영화에서는 보라색 특유의 섬세한 아름다움이 돋보인다. 대표적인 영화 두 편을 소개한다.

하나는 〈플로리다 프로젝트〉로 션 베이커 감독, 윌럼 더포 주연의 영화다. '플로리다 프로젝트(Florida Project)'는 1965년 디즈니가 테마파크 건설을 위해서 플로리다주 올랜도 부동산 매입 계획에 붙인 명칭이다.

플로리다의 빈민가에서 사는 무니 가족과 친구들은 홈리스로 우울하게 살지만 그 누구보다 천진난만하다. 이들은 가난하기는 하지만 그렇다고 굶어 죽을 정도로 빈곤한 것은 아니다. 허름한 모텔에서 장기 투숙하며 TV도 보고 샤워도 하고 음식도 먹고 그럭저럭 삶을 유지하고 있다.

무니 엄마는 다른 사람들을 상대로 사기를 치거나 훔치거나 욕을 하며 거칠게 살다가 결국 무니를 아동 시설에 빼앗긴다. 무니는 이들로부터 도망쳐서 친구의 집을 찾아간다. 이야기가 전반적으로 어둡고 암담하고 슬프고 답답한 데 비해서 영화의 색감은 화려하다. 포스터부터 남다른데 보랏빛 색감이 눈과 마음을 사로잡는다. 녹록잖은 현실을 아름다운 색으로 담아냈다.

영화의 한 장면을 보자. 보라색 벽 앞에서 노란색 티를 입고 있는 아이의 모습. 보라색 모텔 배경으로 펼쳐진 아름다운 무지개의 풍경을 보며 엄마는 무니에게 이렇게 말한다.

"너에게 주는 선물이야. 무지개 끝에는 보물이 있어!"

동화 같은 영상미, 무니와 엄마가 노을을 배경으로 걸어가는 장면…. 파란 하늘에 떠 있는 무지개, 밤에 펼쳐지는 불꽃놀이, 색의 향연이 무한량 펼쳐지는 아름다운 영화다.

두 번째 영화는 뮤지컬 영화 〈라라랜드〉로 현실과 꿈 사이에서 방황하는 세바스찬(라이언 고슬링)과 미아(엠마 스톤)의 러브스토리다. 남녀의 사랑, 이상과 현실이라는 평범한 소재이지만 이 영화를 빛나게 하는 것이 있으니 바로 배우들의 연기와 음악, 그리고 바로 색이다.

영화의 색채가 뚜렷하고 선명하다. 배우들의 연기도 조화롭고 뛰어나서 지루하지 않은 수작이다. 영화는 유니크한 색깔을 다채롭지만 조화롭게 배합해낸다. 색을 구경하는 것만으로 충분히 재미있는 영화이다.

영화의 배경인 LA는 다미엔 차젤레 감독의 독창적인 색채 감각에 의해서 환상적이고 몽환적인 도시로 재탄생한다. 판타지적인 색채가 강한 가운데 감미로운 음악과 다채로운 색채의 향연을 만끽할 수 있다. 인물들의 선명한 원색 의상, 그리고 어두운 밤과의 절묘한 대비를 보는 재미가 쏠쏠하다. 특히 엠마 스톤의 화려한 의상은 마법 같은 풍부한 색채로 관객의 오감을 충족시킨다.

〈라라랜드〉는 영화 내내 몽환적인 분위기가 지속된다. 꿈인지 상상인지 현실인지 모를 배경과 색상은 이 영화의 백미라고 하겠다. 아련하고 몽환적인 분위기를 형성해주는 파란색과 보라색의 저녁노을, 아름답지만 짧은 사랑이 색으로 나타난다. 콘크리트 잿빛 빌딩의 세상에서 분홍, 보라, 연두 등의 파스텔 톤 색채와 노랑, 빨강, 파랑의 원색적인 색채가 화면을 채우는 모습에 관객은 눈과 마음을 빼앗긴다. 영화에 빠져들고 잊을 수 없는 여운에 잠긴다.

노랑, 고귀함과
역동의 상징

1998년 변호사 노무현이 처음 선거에 출마했을 때 홍보물 제목이 '사람 사는 세상'이었다. 이후 그의 뜻을 함께하는 사람들이 생겼으니 바로 '노무현을 사랑하는 사람들의 모임' 즉 '노사모'이다. 요즘은 정치인들이 연예인처럼 팬덤을 거느리는 것이 낯설지 않지만 당시로서는 매우 이례적인 일이었다. 인터넷이 국내에 급속도로 퍼지면서 팬덤은 조직화되었고 2002년 제16대 대통령 선거에서 그 위력을 발휘했다. 결국 그가 대통령에 당선되었을 때 외신에 인터넷이 만든 대통령, 즉 '인터넷 대통령'으로 소개할 정도였다.

노사모는 어떻게 시작됐을까? 노무현 전 대통령은 2000년 4월 16대 총선에서 당선이 유력한 지역구인 서울 종로를 버리고 부산 북·강서 을로 내려가는 모험을 했다. 많은 사람이 당선이 어렵다고 말리면서도 한편으로는 무모한 도전이 성공하기를 희망했다. 그러나 그 도전은 실패했고 편안한 길을 마다하고 한국 정치의 고질병인 지역감정의 벽에 도전한 그를 지지하는 사람들이 하나둘 모였다. 바로 노사모의 시작이었다. 노사모는 최초의 정치인 팬클럽으로도 유명하지만 그 상징인 노란색으로 강렬한 인상을 남겼다. 노사모의 노란 손수건은 과연 언제 어떻게 시작되었을까?

노사모 회원들은 모두 인터넷으로 만났다. 서로 닉네임을 사용하는 익명의 신분이었으므로 오프라인에서 만나면 노사모인지 아닌지 알기 어려웠다. 특히 국민경선 과정에서 이들이 다른 후보자의 지지자인지, 노사모인지 구별해낼 방법이 없었다.

누군가가 노사모의 상징으로 손수건을 두르고 만나자는 아이디어를 냈고 당시 노사모의 대표이던 이상호가 부산의 한 시장에 갔다가 노란색 천 재고가 쌓여 있는 것을 발견했다. 그 노란색 천으로 손수건을 만들어서 회원들이 매기 시작했다. 노무현, 노사모, 노란색의 운명이 이렇게 시작됐다. 노란색은 노무현 대통령의 상징과 같은 색이다. 사람들은 왜 노무현에 열광했는가? 대중의 마음에 노란색이 꽂힌 이유가 뭘까? 그 이유는 색 자체에 있다.

대통령 탄핵으로 봄에 치러진 19대 대선을 제외하고 이전의 대선은 12월 19일에 치러졌다. 가을과 겨울을 거치면서 대선이 시작되는데 선거 기간에 기온이 낮은 편이다. 이때는 반드시 따뜻한 색상이 유리하다. 대표적인 색이 빨간색과 노란색이다. 그러나 빨간색은 한국의 레드 콤플렉스에서 자유롭지 못한 색이었다. 빨간색은 프레임을 유발한다. 이때 등장한 색이 노란색이다. 노란색은 차가워진 계절에 따뜻한 온기를 불러일으켰고 국민에게 따뜻한 색에서 편안한 색으로, 호감 가는 색으로 다가갔다.

노무현 대통령과 노란색은 궁합이 아주 좋다. 사주팔자에 화(火)가 과다하므로 토(土)의 상징인 노란색이 화의 기운을 빼주는 역할을 한다. 노무현 전 대통령에게 노란색은 사주팔자의 균형을 맞춰주는 좋은 색이었다.

노란색은 에너지, 활력, 고귀함을 상징하는데 태양의 빛, 황금이 모두 노란색이기 때문이다. 어린이가 소비하는 상품에 노란색이 많은 이유도 노란색의 지치지 않는 에너지를 머금고 있어서다. 노란 모자를 쓴 유치원 아이들이 노란 승합 버스에서 내리는 장면을 본 적이 있는가? 재잘거리는 아이들을 보면 활력을 느끼지 않는가?

게다가 금은 녹이 슬지 않는다. 세월이 가도 닳거나 변하지 않아 처음 상태 그대로이기 때문에 사람들로부터 귀한 대접을 받는다. 영원한 권력을 바라는 이들의 사랑을 받았으니 대대로 고귀함과 권력의 상징이었다.

한편 노랑은 삼원색 중에서 명도가 제일 높다. 명도가 높다는 말은 눈에 잘 뜨인다는 뜻이다. 색 중에서 명시성이 가장 높기에 경고의 메시지를 보낼 때 효과적이다. 공사 현장 표시나 도로 표지판을 보면 노란색이 많다. 스쿨버스가 노란색인 것도 복잡한 도로에서 눈에 잘 띄기 때문이다.

노란색은 치료와 건강의 색이기도 하다. 동양 철학에서 노란색은 쓸개 활동을 자극한다고 알려져 있다. 유심히 살펴보면 관절염 패치나 파스, 비타민제, 자양강장제 등의 포장에 노란색이 많다.

다시 노사모 이야기로 돌아오자면, 당시 노란색 열풍은 희망의 이미지 때문이었을 것이다. 서양에는 '노란 리본'이 무사 귀환을 상징한다. 미국에서는 베트남전, 걸프전, 이라크전 참전 용사, 인질의 석방을 기원하면서 전국적으로 사용되기도 했다.

교도소에서 형기를 마친 수감자에게 잊지 않았다는 마음을 전하기 위해 노란 리본을 마을 어귀의 나무에 묶어두었다는 이야기를 들어본 적이 있을 것이다. 1970년대에는 이런 가사를 담은 '떡갈나무에 노란색 리본을 묶어요(Tie a Yellow Ribbon Round the Ole Oak Tree)'라는 노래가 크게 히트하기도 했다.

우리에게도 노란 리본이 있다. 2014년의 비극적 사건 세월호 침몰 사고 희생자를 기리는 상징이었다. 노란색에는 희생된 학생들의 넋을 기리고 아픔을 달래는 의미가 담겨 있다.

화가 고흐의
노란색

"이 세상에 진리가 하나뿐이듯이 노랑

도 하나뿐이다. 칙칙하게 변질된 진리는 병든 진리이며 더 이상 진리가 아니다. 그래서 칙칙한 노랑은 시기, 배반, 거짓, 의심, 불신, 광기의 표현이다."

스위스의 화가이자 미술 교육자인 요하네스 이텐의 말이다. 노랑은 본디 활기, 에너지, 치유의 색상이지만 변질되면 불안하고 어두운 색이 된다.

네덜란드 태생의 화가 고흐의 그림을 보자. 불타는 듯한 태양과 밤하늘을 장악하는 별빛 모두 샛노란 색으로 소용돌이친다. 흐드러지게 핀 노란 해바라기 역시 고흐의 대표작이다. 우리는 고흐의 노란색에서 역동성과 열정을 느낀다. 그러나 우리는 화가의 삶이 불행했다는 사실 또한 알고 있다. 노란색에는 그의 운명에 대한 비밀이 숨겨 있다.

고흐는 1853년 3월 30일생이다. 사주에 묘목(卯木)을 두 개나 깔고 있어서 화가의 소질이 다분하다. 묘목(卯木)은 자유주의적인 도화를 의미한다. 고흐가 에너지 넘치고 창의적인 그림을 그린 것은 그의 운명에 예고된 일이다. 동시에, 예민하고 스트레스가 많고 감각이 많이 열려 있는 운명이라서 조울의 성향이 있다. 여기에 불행한 일을 자주 겪으면서 정신력이 약해졌을 수 있다.

색채를 통해 뭔가 보여주고 싶어. 서로 보완하는 두 색을 결합해서 연인의 사랑을 보여주는 것, 색을 혼합하거나 대조를 만들어 마음의 신비로운 떨림을 만들어내는 것, 어두운 배경과 대비되게 얼굴을 밝은 톤으로 빛나게 해서 사상을 표현하는 것, 별을 그려 희망을, 석양을 통해 모델의 열정을 표현하는 건 결코 눈속임이라 할 수 없을 거야. 실제로 존재하는 걸 표현하는 거니까 말이다. 그렇지 않니?

1888년 9월 3일 고흐가 동생 테오에게 보낸 편지를 보면 예술가로서의 열정과 강렬한 표현 욕구를 엿볼 수 있다.

이 불세출의 천재 화가가 가장 좋아하는 색은 노란색이었다. "노란색과 오렌지색이 없이 파란색은 없다"고 말한 것만 봐도 그가 얼마나 노란색에 애정을 가졌는지 알 수 있다.

대표작 중 하나인 〈해바라기〉를 보자. 벽면, 바닥, 꽃병, 열다섯 송이의 해바라기를 모두 조금씩 다른 노란색으로 칠했다. 차분하고 섬세한 절제가 돋보이는 이 그림은 우리가 아는 고흐의 삶과 대조적이다. 다행히 이 그림을 그릴 때만 해도 에너지와 광기를 예술로써 다스릴 수 있었던 것 같다.

그러나 〈해바라기〉보다 뒤에 그린 〈까마귀가 있는 밀밭〉을 보면 확실히 그의 정신이 불안정해졌음을 알 수 있다. 〈까마귀가 있는 밀밭〉 역시 노란색이 주를 이루는 걸작이다. 일각에서는 이 작품이 빈센트 반 고흐의 마지막 그림이라는 주장도 있다. 그래서인지 그림에 드러난 노란색의 기운이 남다르다.

이 그림의 노란색은 격정적이면서 어둡다. 노랑이 희망이 아니라 절망의 색일 수도 있음을 이 그림을 보면 알 수 있다. 어두운 하늘과 날아가는 까마귀 떼, 붉은 흙이 강렬한 비극의 기운을 뿜어낸다. 불행과 비극으로 얼룩진 고흐의 삶을 담아낸 작품이라는 생각이 든다. 말년에 더욱 비참하고 불운했던 화가의 삶을 변질된 노랑으로 표현한 게 아닐까?

코로나 시대의
초록 물결

우리 눈의 구조는 녹색을 가장 편하게 받아들이게끔 만들어져 있다. 자연에 넓게 퍼져 있는 색이기 때문이다. 인간이 가장 창의적일 때가 초록색을 봤을 때라는 연구 결과도 있다. 인간 진화의 비밀은 곧 자연의 비밀이기도 하다. 그 비밀의 색이 바로 연두색이요, 초록색이다.

그렇다면 식물은 왜 초록색일까? 광합성을 하는 잎의 세포에 엽록소가 있기 때문이라고 배웠을 것이다. 하지만 왜 굳이 초록색이어야 하는지 과학자들은 그 메커니즘을 제대로 이해하지 못하다가 최근 그 실마리를 얻는다. 2020년 캘리포니아대(UCR) 연구팀이 이끄는 국제협동 연구팀이 최근 광합성 유기체들에서 나타나는 빛 문제에 관한 연구 결과를 발표했다. 과학 저널 〈사이언스*Science*〉에 실린 내용은 다음과 같다.

식물은 태양 에너지에서 영양소를 얻지만 때로 그 강렬한 빛은 생존에 위협이 되기도 한다. 너무 강하면 독이 되기 때문이다. 그래서 식물은 자구책을 마련한다. 태양의 빛은 파장 400~700 나노미터 사이의 가시광선 중에서도 470나노미터에 해당하는 녹색 파장대가 가장 강렬한 에너지를 방출한다. 그래서 식물은 이를 반사함으로써 강렬한 햇빛으로부터 스스로 보호하려는 전략을 세운 것이다. 우리 눈에 나뭇잎이 초록색으로 보이는 이유가 바로 이 때문이다.

연구팀의 일원인 미국 캘리포니아 대학교 나타니엘 게이버 부교수는 이 현상을 이렇게 설명한다.

"녹색 식물은 녹색으로 보이고 자주색 박테리아는 자주색으로 나타나는데 그 이유는 이들이 흡수하는 스펙트럼의 특정 영역이 빠르게 변화하는 태양 에너지로부터 자신들을 보호하기 적합하기 때문이다."

덕분에 초록은 우리 인간에게 가장 사랑받는 색 중 하나가 되었다.

이러한 초록이 최근에는 새롭게 재해석되고 있다. 최근 1020 세대를 중심으로 네온 컬러가 SNS 상에서 인기가 매우 높다. 인스타그램에 해시태그 '네온'을 검색하면 수십만 개가 넘는 사진이 나온다. 옷, 운동화, 액세서리에서부터 머리카락 염색에까지 강렬한 네온 컬러의 물결이다. 그야말로 '인싸'의 컬러, '핵인싸'의 필수 아이템이다. 초록도 그중 하나다. 그런데 네온 컬러가 유행한 게 이번이 처음은 아니다. 유행은 돌고 돈다. 1960년대 미국 히피, 예술가들 사이에서 유행했던 형광색 패션은 젊음과 자유, 해방을 상징했다. 우리나라에서도 1970~80년대, 1990년대 말~2000년대 초에 인기를 끌었다.

상업용 이미지 회사 셔터스톡의 루 웨이스는 네온 컬러의 유행에 관해서 이렇게 분석한다.

"우리가 선택한 색은 유행 이상의 문화적 의미를 지닌다. 네온 컬러가 세상을 지배하고 있다."

고채도, 고명도인 네온 컬러는 젊음, 여름, 강렬함, 생명, 정열, 신선함, 기쁨, 자연, 스포츠, 시원함, 상쾌함을 상징한다. 시각적 흥분과 자극으로 보는 이로 하여금 즐거움을 느끼게 한다. 코로나19로 침체된 사회 분위기 속에서는 기분 전환 효과까지 준다. 경기 불황기에 값싼 사치품으로 소비 욕구를 채우는 '립스틱 효과'처럼 말이다.

화려한 색채의
사주

네온 컬러의 유행을 이끈 대표적인 연예인으로는 개그우먼 박나래가 있다. 박나래는 한 시상식 자리에 초록 형광 드레스를 입고 나왔는데, '인간 네온사인'으로 불리면서 다른 수많은 연예인들의 드레스를 제치고 눈길을 끌었다.

박나래는 정화(丁火)에 금(金)과 토(土) 기질을 가진 사주를 타고났다. 토 기운이 강해서 사람들과의 관계성이 뛰어나다. 또 큰 불이 아니라 작은 불인 정화라서 타인과 적당히 소통하면서 자기표현을 즐기고 끼를 발산하면서도 상대의 말을 들어주고 배려하는 성향이 있다.

'나래바'를 만들어서 음주를 즐기고 남성들과의 '썸'도 좋아하지만 금의 기질이 강하기 때문에 실속파다. 절대 극단으로 치닫지 않는다. 또 정화의 상징색은 분홍색이라서 예술적 기질이 뛰어나고 화려한 색채나 스타일을 좋아한다. 그런 과감한 스타일이 잘 어울리고 소화도 잘한다. 박나래가 과감한 패션과 분장으로 인기를 끄는 것도 이런 타고난 성향과 관련이 있다.

래퍼로 인기가 높은 퀸와사비도 네온 컬러와 함께 혜성처럼 나타났다. 와사비라는 이름에 맞게 머리카락을 형광 초록색으로 물들이고 "안녕, 쟈기"를 외치면서 등장한 그는 천편일률적으로 '예쁘장한' 가수들 사이에서 신선한 충격을 일으켰다.

퀸와사비는 금(金)의 기운이 강한 사주를 타고났다. 금의 계획적이고 원칙적인 완벽주의와 정확도가 있다. 래퍼로서 정확성과 반복성이 뛰어나고 빈틈없이 연습하는 스타일이다. 감각이 발달하여 소리에 예민하게 반응하는 사람이다.

금과 수(水)의 기질을 모두 가지고 있어서 음악에 적합하고 나름대로 고집이 있다. 작은 금이 아니라 큰 금인 경금(庚金)이기 때문에 욕심이 있는 스타일이다. 수의 명석함이 있고 금의 실천성까지 갖춰서 학창 시절에 공부를 잘했다. 그러나 전문직을 택했다면 예술적인 끼를 발휘하지 못해서 답답했을 것이다. 이른바 '관종' 기질이 강해 주목받는 직종이 어울린다. 천생 연예인답게 사주에도 도화와 끼가 많다.

이
(二)

색을 알면 돈이 보인다

색으로
억만장자 되기

2016년 11월 고척스카이돔에서 한국이 낳은 최고의 아이돌 그룹 방탄소년단의 팬 미팅이 열린다. 이날 방탄소년단의 팬덤 아미(ARMY)가 그들의 응원봉인 아미밤에 보라색 비닐을 씌워서 흔들었다. 공연장에 거대한 보라색 물결이 출렁였다. 이 광경을 보고 감격한 뷔가 말했다.

"여러분, 보라 색깔의 뜻을 아세요? 무지개의 마지막 색깔이 잖아요. 그래서 보라색은 상대방을 믿고 서로서로 오랫동안 사랑하자는 의미인데요. 네. 제가 방금 지었어요. 그 뜻처럼 영원히 오랫동안 이렇게 볼 수 있었으면 좋겠습니다. 사랑합니다."

팬들은 열광했고 '보라해'라는 말이 'I Purple You', '紫爱你' 등으로 세계에 퍼져 나갔다. 그렇게 보라색은 특별한 상징이 되었다. 한국의 남산 N서울타워와 부산항대교는 물론이고 미국 엠파이어스테이트 빌딩, 영국 웸블리 스타디움 등 그들이 가는 곳마다 보라색으로 물들면서 전 세계적으로 화제가 됐다.

방탄소년단에게 색은 매우 중요한 상징이다. 멤버마다 서로 다른 색의 마이크를 사용한다. 랩몬스터는 파란색, 슈가는 검은색, 제이홉은 은색, 진은 핑크, 지민은 금색, 뷔는 녹색, 정국은 보라색이다. 대한민국의 아이돌 그룹으로 태어나 세계적인 인기와 영향력을 누린 데에는 색의 기운, 색과 운명의 궁합이 한몫했다고 볼 수 있다.

이것은 단순히 팬덤에 관한 이야기가 아니다. 방탄소년단의 보라색은 산업적으로도 엄청난 영향력과 부가가치가 있다. 이에 삼성전자는 자사 제품에 보라색을 입힌 스마트폰 '갤럭시S20 BTS 에디션'을 내놓기도 했다. 색에는 그만한 힘이 있기 때문이다.

우리는 색에 매료된다. 우리가 어떤 대상과 만나는 순간 색은 직접적이고 효과적으로 존재감을 드러내고 보는 이로 하여금 특별한 감정을 불러일으킨다. 그래서 수많은 기업들이 자사의 마케팅 전략에 색을 이용한다. 그 결과 우리는 스타벅스의 초록색, 샤넬의 검은색, 에르메스의 오렌지색 등 특정한 색만 봐도 그 기업과 상품을 떠올린다.

색과 브랜드
아이덴티티

기업에는 저마다 고유의 이름과 상징

이 있다. 상호와 로고가 바로 그것이다. 일반적으로 상호는 인지도를 높일 수 있도록 쉽고 간결하게 짓는다. 로고는 모양, 색상, 서체 등을 조화롭게 디자인해서 기업의 이미지를 잘 전달해야 한다. 그래야 브랜드 가치를 높일 수 있다.

일반적으로 기업들이 가장 선호하는 색은 파란색이고 그다음으로 빨간색, 검은색 순이다. 명리학적으로 보자면 상호와 로고를 정할 때 모양, 색상, 서체 등이 사업체 대표의 사주와 어울려야 그 회사가 잘된다. 그러려면 사주팔자에 고립된 오행, 없는 오행, 부족한 오행의 색상을 보강해야 한다.

과거에는 명품, 패션, 뷰티 분야처럼 색이 매출과 직결되는 업계에서만 색을 활용했다. 요즘은 이러한 '컬러 마케팅'이 일반화되어 식품, 가전, 자동차, 영화, 광고, 게임 등 다양한 분야에서 쓰인다. 이유는 한 가지, 색이 막대한 부가가치와 연결되기 때문이다. 한마디로 색은 돈이 된다.

왜 그럴까? 우리가 물건을 살 때를 생각해보자. 길을 가다가 우연히 쇼윈도를 통해 어떤 옷을 보고 나도 모르게 그 앞에 서서 구경하고 있다면 이미 우리는 그 상품의 잠재적 구매자가 된 셈이다. 무엇이 우리를 사로잡았을까 곰곰이 따져보자, 가장 먼저 우리의 관심을 불러일으키는 요소는 상품의 외형과 색이다. 이는 과학적으로도 증명된 사실이다.

소비자는 물건을 살 때 어떤 감각에 의존할까? 미국 컬러리서치 연구소의 조사에 따르면 시각에 의존한다는 대답이 87퍼센트로 가장 많았다. 청각이 7퍼센트, 촉각 3퍼센트, 후각 2퍼센트, 미각 1퍼센트가 그 뒤를 이었다. 또한 색채 심리학자 파버 버렌에 따르면 색은 소비자가 느끼는 상품의 성격은 물론 심지어 맛에도 영향을 미치면서 판매를 크게 좌우한다고 한다.

기업들도 이 사실을 잘 알고 있다. 그래서 오래전부터 색을 판매의 주요 수단으로 활용하고 있다. 바로 '컬러 마케팅'이다. 이는 색상으로 구매 욕구를 자극하는 마케팅 기법이다. 색은 욕망을 불러일으킨다. 컬러 마케팅은 이를 상품 판매로 연결 짓는 데 집중한다.

이러한 마케팅 방식은 이미 우리 사회에 널리 퍼져 있으며 너무 자연스러워 그것이 고도의 판매 전략이라는 사실조차 잊을 때가 있다. 특정 정당의 로고와 상징색, 이에 맞춰 배포하는 선거 홍보물과 홍보 차량 등을 보라. 정치인들은 지지자와 비지지자, 연령, 지역, 정치 성향을 면밀히 분석해서 상징색을 결정한다. 물론 목적은 색을 통해 인지도를 높이고 시민들의 지지를 유도하는 것이다. 앞서 방탄소년단의 사례에서도 말했지만 엔터테인먼트 사업에서 색은 필수다. 연예인의 의상과 소품, 팬 미팅에 쓰일 응원 도구들, 하나하나 허투루 정해지지 않는다. 기획 회의를 통해 팬들이 선호하는 색, 팬들의 마음을 사로잡을 색을 결정한다.

파커사의
컬러 마케팅

'컬러 마케팅'은 언제 시작되었을까? 학자들은 1920년대에 만년필 전문 기업 파커(Parker)사에서 그 유래를 찾는다. 당시 미국에서 판매되는 만년필의 주 소비층은 남성이었다. 그래서 크기도 컸을뿐더러 대부분 검은색이었다. 그러다 시대가 바뀌고 사용자층이 다양해지면서 파커는 이러한 시장의 흐름을 놓치지 않기 위해 컬러 마케팅을 펼친다.

새로 출시할 만년필에 빨간색을 입힌 것이다. 당시로서는 파격적이었던 이 컬러 마케팅은 크게 성공한다. '빨간 만년필'이 여성들에게 큰 사랑을 받으면서 매출이 크게 오른다. 파커사는 이후 다양한 색의 만년필을 출시하면서 새롭게 시장을 확대해나간다. 그 결과 1930년대에는 검은색 만년필이 전체의 80퍼센트였지만 1960년대에는 다양한 색상의 만년필이 전체 판매량의 80퍼센트를 차지한다. '색'이 새로운 시장을 만든 것이다.

오늘날 텔레비전, 영화관 스크린, 스마트폰 등이 등장하면서 우리의 눈을 사로잡으려는 경쟁이 치열하다. 사람들은 색을 이용한 다양한 시도를 계속할 것이고 이는 또다시 우리의 사고에 영향을 미칠 것이다. 미래가 어떻게 변할지는 아무도 모른다. 다만 강력한 시각 언어(visual language)로서 색이 우리 삶에 더 큰 영향력을 발휘하리라는 사실만큼은 명백해 보인다.

명리학으로 보는 색은 어떨까? 색은 돈이 될 뿐만 아니라 운명도 바꿀 수 있다. 자본주의가 발달한 서양에서 색을 상품 판매와 연결 짓는 마케팅 기법이 발달했다면 동양에서는 예로부터 삶을 바꾸는 적극적인 수단으로 인식했다. 일례로 오래전부터 오행에 따른 색상, 방향, 숫자 등을 활용해왔다. 천간 지지와 팔괘를 통해 24방위를 만들었는데, 방위에 따른 색상도 존재했다. 이를 바탕으로 오행이 나타내는 색상과 방향을 현대적으로 해석하고 분류하여 삶에 응용할 방법을 개발해냈다.

사람에게는 누구에게나 필요한 색이 있고 이를 잘 알면 운명을 바꿀 수 있다. 명리학에 조예가 깊어야만 가능한 일이 아니다. 보통 사람도 일상에서도 충분히 가능하다. 예를 들어 벽지나 커튼 색상을 바꾸거나 자신에게 맞는 색상이 들어간 그림을 거실이나 방에 배치해서 운명을 바꿀 수 있다.

색으로
마음 사로잡기

마케팅처럼 색을 탐구하고 응용하는 분야는 이 밖에도 많다. 흔히 접할 수 있는 것은 다음과 같다.

색채 심리(color psychology)

색채 심리란 색과 마음의 관계를 연구하는 학문이다. 색채 심리학은 색채를 활용하여 사람의 타고난 성격과 마음의 소리와 살아온 삶의 흔적, 무의식에 존재하는 자신을 발견한다. 그리고 이를 통해서 방어기제와 스트레스 등을 치유한다.

색채 심리 마케터(color psychology marketer)

이들은 생산자 또는 판매자의 목표에 따라서 소비자의 색채 심리를 조사, 분석, 포지셔닝해서 판매를 예측한다. 예측한 자료를 바탕으로 과학적인 데이터를 통해서 마케팅 전략을 실행하고 소비자의 만족도와 판매 촉진의 극대화를 구축하는 것이 색채 심리 마케터의 주된 업무이다.

색채 기획(color planning)

시장과 고객의 심리를 활용해서 목표를 달성하기 위해 효과적으로 색채를 적용하는 과정을 색채 기획이라고 한다. '색채가 제품 판매를 촉진시킨다'는 명제를 중심으로 품질 관리, 제품의 차별화, 소비자 심리 분석 등 색을 활용한 모든 계획과 실행에 관여한다.

디스플레이와 컬러

제품은 디스플레이할 때 컬러 배열은 매우 중요하다. 컬러 배열이 잘되어 있으면 주택은 안정감이 있고 편안함을 느끼며 상품이나 물건은 정리가 잘 되어 있는 것처럼 보이고 한눈에 구분하기 쉽고 고르기도 편안하다. 원칙은 다음과 같다.

– 밝은색에서 어두운색 순서로 배열한다.

- 옅은 색, 무채색, 짙은 색을 구분해서 배열한다.
- 난색은 난색끼리, 한색은 한색끼리 즉 같은 계통끼리 분류하여 배열한다.
- 빨주노초파남보의 색상환의 순서대로 배열한다.
- 화려한 컬러는 중간에 무채색을 끼워서 배열한다.

컬러 플래닝(color planning)

새로운 제품을 만들 때 기획 단계에서부터 색채 계획 즉 컬러 플래닝이 함께 진행돼야 한다. 과정은 다음과 같다.

- 유행하는 색채 정보를 수집한다.
- 연도별, 분야별, 지역별 패턴을 분류한다.
- 수집한 색채 정보를 목적과 필요에 따라 분류하고 분석한다.
- 기본색과 유행 색을 파악하고 새로운 색의 유행에 대비해서 상품을 기획, 생산한다.
- 색상별 느낌과 효과 등을 시뮬레이션한 후 최종 색을 선택한다.

블루오션과
레드오션

한국의 증권맨은 왜 빨강 넥타이를 맬까? 고객의 자산을 관리하는 금융 회사 직원들에게 가장 중요한 건 고객에게 신뢰를 주는 것이다. 한국에서 상대에게 신뢰를 얻으려면 일단 품행이 단정해야 한다. 머리를 잘 빗어 넘기고 양복을 입고 넥타이를 단정하게 매야 믿음직스럽고 신뢰감을 준다.

그래서 여의도 증권가에 가면 단정한 머리 스타일에 깔끔하게 잘 차려입은 양복쟁이들이 다수를 이룬다. 그런데 이들의 넥타이 색을 눈여겨보면 붉은색 계열이 주를 이룬다. 여기에는 증시의 활황을 기원하는 의미가 담겨 있다. 주가 상승을 가리키는 빨간 그래프가 많을수록 자신은 물론 고객들에게 도움이 되기 때문이다.

한국 증시에서 주가 상승은 빨간색으로, 반대로 하락은 파란색으로 표시한다. 그렇다면 이러한 색깔 구분은 전 세계적으로 같을까?

한국, 일본, 중국은 빨간색이 상승을, 파란색이 하락을 상징한다. 여기에는 색에 대한 사회 문화적 배경이 작용한다. 중국과 일본은 예로부터 빨간색을 긍정의 색으로 여겨왔다. 일본은 국기에 넣을 정도로 태양신과 빨간색을 좋아한다. 중국 또한 빨간색에 대한 선호가 남다르다. 오늘날 중국 국기인 오성기는 물론이고 중국 역사 속에서 국가를 상징하는 황제의 옷이나 장신구에 빨간색을 썼다. 복(福) 자를 빨간색 종이에 싸서 대문에 붙여놓으면 복이 들어온다는 풍속이 있을 정도이니 중국인의 빨간색 사랑이 어느 정도인지 짐작할 만하다.

그래서 홍콩 시장에 상장된 기업 중에 중국 정부나 중국 국영기업이 최대 주주로 참여한 우량 기업의 주식을 '레드칩(red chip)'이라고 부른다. 1990년대 중국의 개방 이후 홍콩 증시에서 이 레드칩의 영향력은 막강하다.

서구 문화권은 다르다. 그들에게는 파란색이 훨씬 더 긍정적인 의미를 가진다. 그래서 세계 주식 시장의 중심지인 미국은 물론 영국, 프랑스, 독일, 호주 등 주요 서구 문화권 국가들은 우리와 정반대로, 주가 상승은 파란색으로 하락은 빨간색으로 표시한다.

비슷한 예는 주식 용어에서도 찾을 수 있다. '블루칩(blue chip)'을 보자. 원래는 재무 구조가 좋아 투자를 해도 좋을 만한 회사의 주식을 이르는 말이다. 우리말로 바꾸면 '우량주'쯤 되겠다. 이 용어는 일상에서도 쓰인다. 성공 가능성이 높아 도전해볼 만한 일이 있다거나 할 때 블루칩이라는 말을 쓴다. 그만큼 널리 쓰인다. 그런데 왜 하필 파란색 즉 '블루'일까?

여기에는 두 가지 설이 있다. 하나는 포커 게임에서 유래되었다는 주장이다. 포커에서는 현찰 대신 '칩'을 쓴다. 흰색, 붉은색, 파란색 등이 있는데 그중 '블루칩'이 가장 고가로 사용된다. 여기에 착안해 우량주에 '블루칩'이라는 이름을 붙였다는 설이다.

또 다른 주장은 황소 품평회에서 유래되었다는 설이다. 미국에서는 예로부터 황소 품평회를 할 때 가장 좋은 소에게 파란 천을 둘러주었는데 여기에서 생긴 말이라는 것이다. 황소는 월가(Wall Street)를 상징하는 동물로, 뉴욕 맨해튼에는 우리가 잘 아는 '돌진하는 황소상(Charging Bull)'이 서 있다.

서양에서는 예로부터 좋은 뜻을 가진 단어에 파란색을 많이 붙였다. '블루오션(blue ocean)'이라는 말도 그렇다. 표면적으로 '푸른 바다'를 뜻하지만 '경쟁자가 없는 새로운 시장'이라는 뜻의 경제 용어이다. 2004년 프랑스 인시아드 경영대학원의 김위찬, 르네 마보안 교수가 공동으로 발표한 '블루오션 전략'이라는 논문에서 처음으로 등장한 이 말을 많은 사람들이 쓰면서 보편적인 용어가 되었다.

'블루오션'은 빠른 성장과 높은 수익이 따르는 엄청난 기회가 존재하지만 아직은 시도된 적이 없는 시장이다. 여기서 파란색은 높은 잠재력과 광범위한 수익을 상징한다. 블루칩처럼 파란색에 대한 사람들의 긍정적인 선호와 믿음이 담긴 말이다.

'블루투스(Bluetooth)'도 파란색과 관련이 있는 용어이다. 휴대폰, 노트북, 이어폰, 헤드폰 등 휴대기기를 연결해 정보를 교환하는 무선기술 표준을 뜻하는 말이다. 지금도 많은 기기에 이 기술이 적용되어 있다. 그런데 왜 하필 '블루'투스일까?

이 용어는 10세기에 스칸디나비아 지역을 통일한 국왕 하랄드 블로탄 고름손의 이름에서 나왔다. 그는 블루투스, 즉 '파란 이빨'이라는 별명으로 불렸는데 블루베리를 너무 좋아해서 치아가 차랗게 물들었기 때문이라는 설이 있고 파란색 의치를 했기 때문이라는 설도 있다. 어쨌든 에릭슨, 노키아 등 주요 개발사들은 이 국왕이 스칸디나비아 국가들을 통일한 것처럼 각종 통신기기를 하나로 연결하는 기술이니 '블루투스'라는 이름을 붙이자고 한 것이다. 그들이 보기에 '파란' 이빨은 당연히 긍정적인 이미지였을 것이다.

그렇다면 빨간색과 관련해서 쓰이는 경제 용어는 무엇이 있을까? 신문이나 방송에서 "수출 전선에 빨간불이 들어왔습니다"라는 말을 들어봤을 것이다. 건널목을 건널 때 빨간불이 켜지면 더 이상 진행할 수 없으니 당연히 부정적인 신호다.

우리가 수입과 지출을 따져 손해를 봤을 때 쓰는 '적자'도 웬만하면 피해 가고 싶은 말이다. 여기서 적자(赤字)는 빨간색 글씨를 말한다. 중세 유럽에서 장부를 쓸 때 손실액을 빨간 글씨로 표시하다 보니 부정적인 의미로 전해진 것이다. 수입보다 지출이 많을 때 수출보다 수입이 많을 때 우리는 빨간색 글자 즉, 적자를 본다.

적자는 빨간색 잉크를 사용하여 교정을 본 글자나 기호를 뜻하기도 한다. 보통 책이나 논문을 쓸 때 교정을 빨간색으로 본다. 처음부터 잘 정리해서 썼으면 교정하지 않아도 될 것이라는 생각에서 손해 본다는 의미가 포함되어 있다.

적자와 비슷하게 부정적인 뜻으로 쓰이는 용어 중에 레드오션(red ocean)이 있다. 이미 잘 알려져서 시장의 한계가 명확하고 경쟁자도 많아서 성공을 낙관하기 힘든 기존의 시장을 말한다. 앞서 소개한 블루오션과 정확히 상반된 의미이다.

검은색과
돈의 상관관계

경제 용어에 빨간색과 파란색 외에 자주 등장하는 색이 또 있다. 바로 '검은색'이다.

검은색은 전 세계적으로 부정적인 의미를 지닌다. 그러나 경제 용어에서는 예외다. 대표적으로 '블랙칩(black chip)'이 있는데 이는 원래 석유, 석탄과 관련된 주식을 의미하다가 최근에는 범위를 넓혀서 에너지와 관련된 모든 종목을 뜻하게 되었다. 여기에는 딱히 부정적인 의미가 없다.

참고로 블루칩, 레드칩, 블랙칩 외에 '옐로칩(yellow chip)'도 있다. 주식 시장에서 상대적으로 저평가된 종목을 말한다. 블루칩보다 시가 총액이 적으나 기업의 안정적인 재무 구조와 업종을 대표하는 우량 종목으로 구성되어 있으므로 상승 요인이 많은 회사의 주식이 여기 속한다.

'흑자(黑字)'는 긍정적인 의미로 널리 쓰이는 용어이다. 적자와 마찬가지로 중세 유럽에서부터 시작된 말인데, 당시 검은색 잉크로 수입과 지출을 정리했다고 한다. 잉크가 매우 귀해서 재정이 나빠지면 동물의 피로 잉크를 대신했기 때문에 상황이 좋을 때는 검은 글씨로 써서 흑자, 안 좋을 때는 동물 피로 써서 적자가 된 것이다.

'소비 중독자(shopaholic)'에게도 검은색은 반갑고 기분 좋은 색이다. 1년에 한 번 돌아오는 '블랙 프라이데이(Black Friday)'는 추수 감사절인 매년 11월 넷째 주 목요일의 다음 날인 금요일이다. 왜 하필 '블랙' 프라이데이인지에 대해서는 두 가지 설이 있다.

하나는 소비자들이 쇼핑몰로 몰려드는 바람에 힘들어했던 직원들이 만든 단어라는 설이다. 영문 위키(en.wikipedia.org)에서는 이를 정설로 보고 있다. 이에 따르면 1961년 필라델피아 신문에서 블랙 프라이데이라는 말을 처음으로 사용했다고 한다. 교통 마비와 북적이는 거리, 터져나갈 듯한 쇼핑몰에서 일어나는 각종 사건 사고 때문에 골치를 앓은 경찰이 추수 감사절 다음 날과 그 다음 날을 각각 'black friday'와 'black saturday'라고 부른 것이 시초라고 한다.

또 다른 유래는 이번에도 장부에 적는 글자 색이다. 추수 감사절 당일까지 '적자'를 기록했던 상점들이 추수 감사절 다음 날부터 '흑자'로 전환됐기 때문에 추수 감사절 다음 날을 흑자의 날, 이익의 날, 즉 블랙 프라이데이라고 부르게 됐다고 한다.

어쨌거나 블랙 프라이데이는 미국에서 연말 쇼핑 시즌을 알리는 전통적인 행사이고 1년 중에 가장 쇼핑이 많이 이루어지는 날이기도 하다. 연중 최대 할인이 진행되며 미국에서 가장 많은 소비가 이날 행해진다. 통계를 보면 미국 연간 소비의 약 20퍼센트가량의 매출이 블랙 프라이데이 시즌에 집중된다고 한다.

그러나 경제 용어에 좋은 '블랙'만 있는 건 아니다. 검은색이 갖는 원래의 부정적인 의미가 그대로 쓰이기도 한다. 대표적인 예가 '블랙 컨슈머(black consumer)'이다. 기업이나 백화점 또는 음식점 같은 매점을 상대로 돈이나 제품을 얻어낼 목적으로 거짓 민원을 제기하거나 언어적, 물리적 폭력을 행사하는 사람을 일컫는 말이다. 여기서 블랙은 떳떳하지 못한, 부당하고 부정의한 이미지를 갖는다.

또 주식 시장의 하락을 지칭하는 일반 명사로 '블랙 먼데이(Black Monday)'라는 표현을 쓰기도 한다. 이 말은 1987년 10월 19일 뉴욕 월스트리트에서 주가가 대폭락한 사건에서 유래됐다. 이날 뉴욕의 증권 시장은 개장과 함께 대량의 팔자 주문이 쏟아졌다. 전 세계 자본 시장의 중심인 뉴욕의 주가가 508포인트 급락, 전일 대비 22.6퍼센트가 내려앉았다. 그전에는 경험해보지 못한 대사건이었다.

이날의 주가 폭락 원인은 정확하게 규명되지 못했다. 그러나 이런 일이 주기적으로 반복되자 '블랙 먼데이'라는 용어가 일반화되기 시작했다. 지금은 시장의 과도한 쏠림이나 구조적 문제로 나타나는 주가 하락을 통칭하는 의미로 쓰인다.

마지막으로 검은색과 관련된 경제 용어를 하나 더 소개하자면 '흑기사(black knight)'가 있다. 흑기사는 적대적인 인수 합병이 진행되는 상황에서, 합병하고자 하는 기업의 경영진을 돕는 제삼자를 말한다. 2003년 SK의 주식을 대량 사들인 외국계 펀드 소버린과 2006년 KT&G의 2대 주주에 올라 경영권을 행사하려던 아이칸 엔터프라이즈 회장 칼 아이칸 등이 대표적이다.

흑기사가 있다면 '백기사(white knight)'도 있다. 백기사는 적대적 인수 합병이 진행되는 상황에서 합병되는 기업의 경영진을 보호하는 주주나 투자자들을 말한다. 앞서 흑기사와 입장이 정반대인 셈이다.

과거 조중훈 회장의 사후에 한진그룹의 지주 회사인 한진칼을 두고 형제간 경영권 다툼이 치열했다. 그때 미국 항공사인 델타항공이 한진칼의 최고 경영자인 조원태 회장을 적극적으로 방어했다. 델타항공이 조원태 회장의 백기사였던 셈이다.

경제 용어 관련해서 또 하나 자주 언급되는 색이 있으니 바로 녹색이다. 그린벨트(green belt)가 대표적이다. 여기서 그린은 녹색, 벨트는 허리띠, 지역, 지대라는 뜻을 가진다. 우리말로 번역하면

'녹색 지대'쯤 되겠다. 공식적으로는 '개발 제한 구역'이라는 용어로 쓰인다. 그린벨트는 무분별한 개발을 억제하고 제한해서 자연을 보존하여 자연과 인간이 공존하는 녹색 지대를 만들자는 취지에서 만들어졌다.

이 용어는 1920년대 런던에서 처음으로 쓰이기 시작했다. 당시 런던은 급속한 산업화로 엄청난 발전을 이루었지만 공장과 산업 현장의 폐수 등으로 공기와 수질이 급격히 오염됐다. 무분별한 개발로 농지가 오염되어 농사를 지을 땅이 사라지고 아이들이 뛰어놀 운동장은 물론 시민들이 산책할 공원도 점점 줄고 있었다.

이런 상황에서 도시 문제에 관심을 가진 정치인들이 무질서한 개발을 막아서 자연을 보존하는 한편 시민들의 쉼터를 만들자고 나섰다. 그 결과 1936년에 그린벨트법이 만들어지고 1944년 '대런던 계획'에 따라서 그린벨트 사업이 본격적으로 시행됐다. 그린벨트에는 공장을 짓지 못하게 하는 등 산림 지역 개발을 금지하는 한편 도시에는 나무를 심거나 공원을 만들었다.

집 안에 두면
좋은 색

색과 시간을 심리적으로 분석하면 재미있는 결과가 나온다. 빨간색으로 방을 꾸민 공간에서 머물면 시간이 얼마 지나지 않아서 피곤함을 느끼고 지루해진다. 반대로 파란색으로 방을 꾸민 공간에서 머물면 시간이 짧게 느껴지고 여유롭고 느긋해진다.

이런 이유로 회의실을 빨간색으로 꾸미면 회의 진행이 어렵고 산만해지며 쉽게 피곤해질 것이다. 만약에 회의실을 파란색으로 꾸미면 사고의 흐름이 빠르게 느껴지고 회의 진행 속도가 빨라진다. 무엇보다 긴장을 푸는 효과도 있어서 참신한 아이디어와 창의성 있는 아이디어가 나올 가능성이 높다. 그러나 이는 어디까지 색의 속성이 이렇다는 것이지 누구에게나 적용되는 것은 아니다.

인테리어와
오행

　　　　　　전통을 이해하는 건축가들은 오행의
오색을 연구해서 풍수 인테리어와 접목시킨다. 침대의 색, 벽지
색, 커튼 색 등 실내 인테리어 분야의 색상이 우리의 운명에 중요
한 작용을 하기 때문이다. 모든 사람은 자신에게 행운을 가져오
거나 기운이 왕성해지는 느낌을 주는 색상이 있다.

1. 빨간색

화(火)의 기운을 상징하는 빨간색은 사랑과 정열을 뜻한다. 위
로 올라가는 성질이 있으므로 불이 타오르듯 기운이 상승하기도
한다. 집 안에서 남쪽에 빨간색 실내 장식품을 놓아두면 행운을
깃들 것이다. 가령 빨간색 그림이나 장식을 두면 남쪽은 표현, 소
리 등을 의미하므로 기쁜 소식 또는 일상생활에서 반가운 메시
지를 많이 받을 수가 있다.

2. 노란색

토(土) 기운의 노란색은 안정적이다. 흙이 만물을 키워내기 때
문에 모성적 측면이 있고 반대로 만물을 묻기 때문에 매장의 속
성도 갖고 있다. 북동과 남서쪽 방위에 속하며 황색은 포용의 의
미도 있지만 새로운 삶에의 갈망, 의지와 끈기 등을 나타내기도
한다. 황색의 그림이나 인테리어 소품을 놓아두면 반드시 길한

기운이 자신에게 왕성하게 일어날 수 있다.

3. 파란색

목(木)의 색상인 파란색은 사람들에게 청량감, 깨끗함을 선사한다. 맑고 밝은 이미지를 심어줄 수 있고 이지적이며 젊은 이미지를 안겨준다. 또 정신적으로 생기가 돋아나고 활력을 불어넣어 준다.

방위상으로는 동쪽에 속하며 동쪽 방위에 청색 계통의 색상을 집중적으로 배치하면 매사에 상승의 운세를 잡을 수가 있을 것이다. 청색 그림을 걸어놓거나 커튼을 치거나 청색 벽지를 바르면 운이 깃든다.

4. 흰색

금(金)의 속성을 가진 흰색은 우리 민족이 가장 상서롭게 여기는 색이다. 백색은 극단적인 순수함을 나타내는 한편 모든 색깔을 받아들이기 때문에 희생과 조화를 의미하기도 한다.

방위상 서쪽에 해당하므로 서쪽에 흰색에 해당하는 눈 그림 등을 걸어놓거나 흰색 상품을 두면 좋다.

5. 검은색

수(水) 기질을 내포한 검은색은 자신의 본성은 감추고 남의 눈에 띄고 싶지 않을 때 사용하고 싶은 색상이다. 또한 흑색은 무정

부주의를 상징하는 경향이 있다. 이 색상은 또한 온갖 색상들의 위에서 있고 싶어 한다.

많은 사람들이 자신의 신분을 과시하거나 위엄 있게 보이고자 할 때 이 색상을 애용한다. 또한 암흑, 은둔, 공포, 비밀의 의미를 나타내고 싶을 때 흑색이 자연스럽게 사용된다. 한편 사회적인 발전을 원할 때도 사용되는 등 양극단의 성격을 모두 가지고 있다. 방위상 북쪽에 해당하므로 북쪽에 검은색에 해당하는 그림 등을 걸어놓으면 좋다.

돈 들어오는 집

집을 어떤 색깔로 꾸미는가에 따라 당신의 하루가 달라질 수 있다. 그래서 긍정적인 에너지를 가득 담은 색깔을 선택해서 집 안을 좋은 운으로 채우는 노력이 매우 중요하다.

각각의 공간에 따라 적합한 색이 있다는 사실도 잊지 말아야 한다. 공간의 쓰임에 따라 색이 주는 에너지를 잘 이용하는 것이 중요하다. 예를 들어 색채 인테리어에서 가장 중요한 공간이 침실이다. 침실은 하루에서 가장 긴 시간을 보내는 곳인 데다가 휴식하는 장소이다. 일을 잘하는 것도 중요하지만 잘 쉬는 것도 그에 못지않게 중요하다.

풍수지리에서 색깔은 부족한 기를 보호하고 넘치는 기를 상충시키는 작용을 한다. 따라서 커튼이나 이불 커버, 베개 커버 등으로 침실을 꾸밀 때도 오행의 색상에 따라서 정해야 한다.

기본은 우리 사주에서 부족한 색을 침구 색이나 잠옷 색으로 정하는 것이다. 예를 들어서 목의 기운이 약한 사주라면 파란색, 화의 기운이 약하다면 빨간색, 토의 기운이 약하다면 황토색이나 오렌지색, 금의 기운이 약하다면 흰색을 사용하는 것이다.

특히 머리를 두고 자는 베개에는 운이 숨어 있다. 큰 베개를 사용하면 재물운이 상승하고 침대 위에 올려둘 때에는 하나만 두지 말고 두 개 세트로 두는 게 좋다. 특히 침구와 잠옷은 자주 교체하고 세탁해야 전반적으로 운이 좋아진다.

사무실에 색을 잘 활용하는 것도 생활 공간 인테리어만큼이나 중요하다. 조선시대 왕의 집무실인 경복궁 근정전(勤政殿)을 보면 중앙 천장에 두 마리의 황룡이 조각돼 있다.

황색은 오방색 중에서 중앙을 뜻한다. 중앙은 곧 왕이고 황룡 또한 왕을 상징한다. 근정전 곳곳에 왕의 권력을 강화하기 위한 장치들이 숨어 있다. 이런 점을 현대의 사무실에도 얼마든지 응용할 수 있다. 개개인의 운명에서 부족하거나 반드시 필요한 기운을 상징하는 색을 활용하면서 그 색에 해당되는 방향도 함께 이용하는 것이 색채 풍수의 핵심이다.

몸에 지니고 다니는 물건의 색을 잘 이용하는 것도 공간 인테리어 못지않게 중요하다. 특히 우리가 쓰는 지갑은 풍수지리적으로 재운을 의미하고 인간관계나 사업의 운을 상승시키는 매우 중요한 물건이다.

만약에 하는 일에서 어려움을 겪고 꽉 막힌 듯 풀리지 않는다면 지갑을 바꾸는 것이 좋다. 지갑의 색은 재운뿐 아니라 좋은 인연, 업무적인 파트너나 직장 내에서의 인간관계에도 영향을 미친다.

흔히 빨간색 지갑이 재물운을 좋게 한다는 설이 있는데 반드시 그런 것은 아니다. 들어온 돈을 잘 지키려면 마음이 차분해야 하는데 붉은색은 기본적으로 사람의 마음을 들뜨게 하는 성질이 있다. 또 빨간색은 불(火)이라서 불이 돈을 태워버린다는 의미도 있다.

그러면 어떤 색의 지갑을 선택해야 할까? 보편적으로 오행에서 재물이나 결실을 의미하는 색은 토(土)의 색깔이다. 그러므로 재물을 부르고 싶다면 빨간색보다 황금색이나 황갈색이 낫다고 볼 수 있다. 부득이하게 빨간 지갑을 지녀야 한다면 검은색이나 황갈색의 굵은 줄이 들어가 있어 붉은색의 들뜨는 기운을 눌러주는 것도 좋은 방법이다. 주의할 사항은 누구에게나 절대적으로 적용되는 행운의 색은 없다는 것이다. 중요한 것은 자신의 사주를 잘 알고 여기에 맞는 색을 선택하는 것이다.

알아두면 도움이 되는
풍수지리 상식

집은 매우 중요한 공간이다. 그 위치와 양상에 따라 우리의 건강운과 재물운이 달라지기 때문이다. 땅과 집은 우리가 발 딛고 사는 공간으로서 순환과 안정, 균형을 최우선으로 해야 한다. 여기 알아두면 좋을 풍수지리 상식을 소개하니, 이를 참고하여 현명하게 삶의 터전을 가꾸어가길 바란다.

집터
- 터가 경사지면 불안정하여 가족이 불안해지고 침착성이 떨어진다.
- 집터가 사면이 높고 중앙이 낮으면 안정감이 없다.
- 토질이 너무 메마르면 좋지 않다. 통풍, 조울증 등으로 건강이 나빠질 수 있다.

– 토질이 너무 습하면 배수가 잘 안 되며 좋지 않다. 음기가 강해지면 좋지 않다. 다만 세월을 두고 토질이 고운 흙으로 변하여 식물을 자라게 한다면 문제없다.

– 축대를 쌓아두는 터는 좋지 않다. 언제든 무너질 위험이 있어 불안하다.

집 모양

– 주변보다 유난히 위치가 높은 집은 좋지 않다. 높이 솟은 주거 주택은 사건 사고에 휘말릴 수 있다.

– 폭이 좁고 긴 집은 좋지 않다. 문을 열고 들어서면 안이 훤히 들여다보여 식구들이 불안해할 수 있다.

– 폭이 넓고 가로로 긴데 얕은 집은 좋지 않다. 가로로 가늘고 길게 놓인 집은 기(氣)가 분산된다.

– 지붕이 각이 지거나 너무 납작하면 좋지 않다. 사건 사고나 불운한 일이 많아진다.

대문

– 대문이 너무 크면 좋지 않다. 대문이 건물에 비해 큰 느낌이 들면 집안의 위계질서가 무너질 수 있다. 대문은 아랫사람, 부하를 상징하는데 건물보다 대문이 크면 자식이 부모를 극하고 부하가 상사를 극하는 형상이 나타날 수 있다.

– 대문이 두 개 이상이면 좋지 않다. 대문이 앞에도 있고 옆이

나 뒤에 또 있으면 식구가 바람이 나거나 사기 등에 휘말릴 수 있다.

- 대문과 현관문이 일직선이면 좋지 않다. 대문에서 현관문이 곧바로 보이면 식구 건강이 좋지 않고 하는 일이 꼬일 수 있다.

현관

- 현관이 너무 넓으면 좋지 않다. 좋은 기가 들어오기도 하지만 쉽게 빠져나가기 때문이다. 외부의 기가 정제되지 않고 곧장 안으로 들어오기 때문에 건강이 안 좋아지거나 하는 일에 어려움이 생길 수 있다.
- 현관이 너무 좁아도 좋지 않다. 외부의 기가 들어오기 어렵고 들어와도 순환이 잘 안 된다. 집 안의 공기가 오염되기 쉽다.
- 현관문이 오목형으로 건물 안쪽으로 들어오면 기의 소통이 어렵다.
- 현관문이 볼록형으로 건물 밖으로 적당히 나온 듯하면 좋다. 그러면 기의 소통이 쉬워져서 집 안에 사는 사람들이 건강도 좋아지고 복을 부르게 된다.
- 현관 입구에서 안으로 들어갈수록 넓어지는 구조가 좋다. 주택이나 점포, 사무실 등 모든 건물은 입구 쪽보다 안쪽으로 들어갈수록 넓어지는 구조여야 안정감이 있고 기가 좋아진다.

- 현관에 신발이 널려 있거나 잡동사니가 쌓여 있으면 좋지
  않다. 그러면 기의 소통이 어렵고 살기가 들어오기 쉽다.
- 현관은 밝고 깨끗해야 좋다. 현관은 기(氣), 즉 복(福)이 드나
  드는 공간이다. 밝고 깨끗할수록 기의 소통이 좋고 복을 불
  러들인다.
- 현관과 대문이 일직선이면 좋지 않다. 대문에서 설명했듯이
  외부의 살기가 집으로 직접 들어온다.
- 현관에서 곧바로 거실, 부엌, 안방 등이 보이면 좋지 않다.
  안정감이 떨어지고 들어오는 사람이 신경 쓰여서 긴장하게
  된다.
- 현관이 건넛집과 마주하면 좋지 않다. 문을 여는 순간 앞집
  문이 열릴까 불안하고 긴장하게 된다. 우리나라의 계단식
  아파트 구조가 이런데, 주민들끼리 소통이 잘 안 되는 것도
  이런 마주 보기와 연관이 있다.
- 현관 앞에 곧바로 계단이 있으면 좋지 않다. 발을 헛디딜까
  불안하기 때문에 현관 앞 공간은 어느 정도 확보되어 있어
  야 한다.

실내 공간

- 거실은 밝아야 한다. 낮에도 불을 켜놓아야 하는 어두운 거
  실은 좋지 않다.
- 거실의 소파는 ㄱ 자나 ㄴ 자로 또는 원형으로 높아야 한다.

일자형으로 TV만 바라보는 형태는 가족 간 대립하게 되거나 자기 본위적이라 화합하기 어렵다.

- 거실의 소파와 현관문이 일직선상에 있으면 좋지 않다. 약간 사선을 이루어야 밖에서 들어오는 사람과 거실에 앉아 있는 사람의 갑작스러운 만남을 피할 수 있다. 또한 외부에서 들어오는 기가 순환될 수 있는 여유가 생긴다.

- 거실을 단순하게 정리하여 넓은 공간을 확보하는 것이 좋다. 복잡하거나 작은 물건들은 가능한 다른 곳에 두고 소파와 탁자, 책꽂이 정도로 간소하게 꾸미고 그림이나 사진은 두 점 이상 걸지 않는 것이 좋다.

- 안방은 집안의 가장이 거주해야 한다. 만약 다른 사람이 거주하면 그가 대신 가장 노릇을 하거나 집안의 가장을 배신하는 일이 생긴다.

- 침실은 현관문과 떨어져 독립된 공간에 있어야 한다. 집에서 가장 조용하고 안정된 공간이어야 하기 때문이다. 그래야 밤에 숙면을 취하고 낮에 힘있게 활동할 수 있다.

- 침실은 불을 껐을 때 충분히 어두워야 한다. 커튼 등으로 실내 밝기를 조절해야 숙면을 취할 수 있다.

- 침실은 환기가 잘 돼야 한다. 그래야 집 안의 환경 호르몬이나 정체된 나쁜 공기를 밖으로 내보내 잠자리를 편하게 만들 수 있다.

- 집에 빈방이 없어야 한다. 집 안에 빈방이 있으면 기가 안정

되지 못하고 균형감이 깨져 슬픔과 걱정이 생긴다.

- 집 안이 어두우면 좋지 않다. 낮에도 불을 켜야 할 만큼 어두 우면 재산 문제가 생기고 가족들이 건강 등에서 우울한 일을 겪을 수 있다.

- 집이 음습하면 좋지 않다. 창문이 없어 공기가 순환되지 않고 나무나 수족관에서 생기는 습기로 가득 차면 곰팡이가 피는 등 건강에 좋지 않다.

장식품

- 거실 탁자 위에는 도자기 같은 귀중한 물건을 놓지 말아야 한다. 일부 풍속 학자는 거실 중앙에 도자기 같은 물건을 놓아야 기가 모인다는 학설을 주장하기도 하는데, 좋지 않다. 거실은 식구들이 자유롭게 활동하는 공간이자 함께 소통하는 장소이다. 이런 데에 도자기 같은 소중한 물건이나 쉽게 깨질 물건을 둔다면 활동에 제약을 주고 움직임을 위축시키기 때문이다.

- 현관 입구 좌우에 거울을 두는 것은 좋다. 현관 우측에 두면 명예, 관직, 인기에 좋고 남자가 잘되며 좌측에 두면 금전운이 좋아지며 여자가 잘된다.

- 현관 바로 앞에서 마주치는 거울은 좋지 않다. 외부에서 들어오는 기를 반사하기 때문이다. 현관문을 열자마자 거울에 비치는 모습에 놀랄 수도 있다.

- 집 안 장식은 가능하면 원형이나 정사각형 물건으로 하면 안정감이 생긴다.
- 각진 물건 장식은 좋지 않다. 별 모양, 삼각형 모양, 칼 모양, 톱 모양 등 날카로운 각이 있는 물건은 식구들에게 위압감이나 저항감을 주게 되며 사건 사고에 노출될 수 있다.
- 집 안에 수석과 같은 돌 장식이나 수족관처럼 물이 생기는 물건이 많으면 좋지 않다. 적당한 수준을 넘어서면 집 안에 냉기가 흘러든다. 그러면 사람들에게 두통, 중풍, 통풍, 냉증 등의 건강 질환이 발생하거나 사고가 생길 수 있다.
- 집 안 장식은 완제품으로 하라. 인형이나, 조각물 등이 온전히 제 모습을 갖추지 못하고 있으면 불안이 생긴다. 다리 한쪽이 없는 인형이나 전체 중 일부만 남은 조각 장식 등이 그렇다. 그러면 건강 이상이나 사건 사고에 휩싸이기 쉽다.
- 같은 물건이라도 안정감 있게 장식하라. 작은 항아리 같은 장식이 여럿 있다면 이를 위태롭게 두지 않는 것이 좋다. 큰 것 위에 작은 것을 올리는 식으로 안정감 있고 균형 잡힌 형태로 두어야 한다. 불안정한 장식은 거주하는 사람들의 정서에도 영향을 주어서 불안 심리를 유발한다.
- 가시가 있는 식물은 집 안에 들이지 마라. 선인장 같은 가시 식물을 두면 사람들이 자유롭게 움직이기 어렵고 불안감을 느낄 수 있다. 가시가 있더라도 날카롭지 않은 것은 무방하다.
- 덩굴 식물들은 자라서 해를 가릴 수 있다. 그러면 내부가 습

해지고 벌레나 곰팡이가 생겨 건강을 해칠 수 있다.

- 호랑이 같은 맹수의 그림이 거실에 걸려 있으면 섬뜩함에
사람이 긴장할 수 있다. 특히 입을 벌린 맹수 그림 등은 피해
야 한다.

색에도
궁합이 있다

흔히 "궁합이 좋다"거나 "궁합이 나쁘다"는 표현을 많이 쓴다. 그런데 궁합은 좋고 나쁨의 문제가 아니다. 궁합은 서로 간의 이해이며 조화다.

"원진살이 있어 나빠! 혹은 충살이 있어 상대를 잡아먹는 궁합이야. 합이 있으니 결혼하면 잘 살 거야!"

이런 표현은 궁합을 좋은 궁합, 나쁜 궁합 두 종류에 가두는 대표적인 사례다.

더불어서 "궁합이 좋으니까 결혼하면 좋다", "궁합이 좋으니까 동업하면 좋다", "궁합이 나쁘니까 절대 결혼하지 말라", "궁합이 나쁘니까 동업하면 망한다." 용하다는 점집에 찾아가서 궁합을 물어보면 흔히 들을 수 있는 대답이다. 결론을 말하면, 궁합은 '좋다, 나쁘다'가 아니라 서로의 장단점을 분석해서 장점을 살려주고 단점을 보완하기 위한 이론이다. 서로 이해하는 게 궁합인 것이다.

사주 명리학의 궁합은 과다한 오행을 중심으로 분석한다. 만약에 태과다한 오행이 있으면 태과다의 성격 특성이 나타난다. 태과다가 없고 과다 오행이 있을 때는 과다의 성격 특성이 나타난다. 태과다와 과다가 없으면 일간 오행과 발달 오행의 성격 특성이 나타난다.

남녀 궁합, 부모 자녀의 궁합, 동업자 간의 궁합을 보기 위해서는 먼저 사주팔자에 존재하는 오행과 육친, 신살(神殺)을 분석하고 각자 강하게 나타나는 성향부터 분석한다. 그런 다음 상대방과의 관계를 통해서 장단점을 판단하는 것이 중요하다. 이후에 장점은 살리고 단점은 보완, 이해해야 한다. 개개인의 운명은 각자 다를 뿐, 나쁜 것은 없다. 다름은 서로 소통하면 된다.

색도 마찬가지다. 서로를 살리는 색이 있으며 조합에 따라 그 느낌과 효과가 다르다.

색의 배합에 관한 연구는 색채 연구가와 심리학자들 사이에서 흥미로운 연구 주제였다. 심리학자 길포드는 지능 이론과 창의성 연구에 탁월한 성과를 이뤄냈다. 특히 지능 구조의 모형을 통해서 지능 이론과 확산적 사고(divergent thinking)라는 개념을 탄생시켰다. 그리고 그의 후학들이 개념 혼합(conceptual blending), 연마(研磨)이론(honing theory) 등의 설명 기법을 만들었다.

길포드는 색채와 색의 배합을 끊임없이 실험하고 연구했다.

그 결과 비슷한 색을 배합하거나 서로 다른 색을 배합했을 때, 그리고 중간 정도의 다른 색을 배합했을 경우 좋은 효과를 얻을 수 있음을 알았다.

특히 이 효과는 남성보다 여성에게 더 강하게 나타난다. 노란색은 비슷한 배합인 등황색(붉은빛을 띠는 노랑)이나 연두색, 전혀 다른 배합인 파란색, 남색, 보라색과 결합되었을 때 조화를 이룬다. 반면에 노란색이 주황색, 초록색, 빨간색과 결합 되었을 때는 조화롭지 않았다.

1926년 일본 심리학자 메구미 이마다는 〈일본 심리학 저널〉에 색 배합에 관한 연구 결과를 발표한다. 이때 아이들이 좋아하는 색의 배합이 빨간색과 노란색의 배합, 빨간색과 파란색의 배합이라는 결과를 얻었다.

윌리엄 월튼과 블라 모리슨은 성인을 대상으로 연구했는데 성인들은 파란색과 빨간색의 배합을 가장 선호했다. 이어서 파란색과 초록색, 빨간색과 초록색, 호박색과 파란색, 호박색과 초록색, 빨간색과 호박색의 순으로 선호한다는 결론을 얻었다.

관상에서도
색을 보라

　　동양의 관상학에서는 얼굴색이 매우 중요하다. 얼굴색은 관상학의 바이블이라고 할 수 있는《마의상법(麻衣相法)》에서도 비중 있게 다뤄진다.《마의상법》은 중국 송나라 초기에 마의도사가 쓴 책인데 동서양을 막론하고 가장 오래된 관상서로 방대한 내용을 담고 있다. 얼굴색을 다룬 상형기색부(相形氣色賦)를 보면 이렇다.

　　사람은 늙은이와 젊은이가 각각인지라 노인은 새싹 같은 여린 색은 마땅하지 못하고 젊은이는 색이 마른 것이 마땅하지 못하다. 밝음 가운데 막힘이 있으면 물이 바람을 만나게 된 것이고 막힘 가운데 밝음이 있으면 구름이 열려 태양을 보는 것이니라. 얼굴 부위가 황색인데 인당(양쪽 눈썹 사이)과 준두(코), 오악[이마, 우 관골(광대뼈), 좌

관골, 코, 턱)의 기운이 어두우면 반드시 부족한 가운데 살고 있다는 의미를 분명히 알 수 있는 것이다.

푸른색은 주로 질병으로 막힌 것이요, 하얀색은 주로 부모의 근심 걱정이요, 붉은색은 주로 시비 구설이요, 검은색은 주로 파면하여 쫓아내는 것과 죽음이다. 인당과 준두에 밝고 윤택한 황색의 기색이 있으면 반드시 반대로 기쁜 일이 있으니 흉 가운데 길이 있는 것이다.

황색 기운이 고광(이마) 부위에 발산하면 한 계절 안에 반드시 관직과 재물이 꼭 들어오고 상서로운 기운이 구름처럼 명궁(눈썹과 눈썹 사이)을 안아 비추면 십일 내에 하늘의 은총이 가슴에 와 닿을 것이니라.

인당(양쪽 눈썹 사이)에 자색의 빛이 나타나면 약간의 작은 근심이 있어도 해로움은 없을 것이다. 그러나 인당에 자색의 빛이 없다면 오직 재물이 늘고 영전하는 데 그치게 된다.

상정(머리의 시작부터 눈썹까지)에 하얀 비단 같은 윤택한 빛이 나타나면 관직이 빠른 말이 달리듯 빠르게 나아가고 이마 위에 홍색과 황색을 가진 사람은 30일 내에 관위가 오르고 보통 사람은 매사가 매우 잘된다. 붉은 홍기와 황기가 모든 부위에 보이면 재물이 끊이지 않고 샘솟듯이 세차게 흘러들어 온다.

주서에 경사스러운 좋은 기운이 진하게 밝으면 상서롭고 대길한 좋을 조짐으로 생각해라. 양쪽 눈썹 머리를 주서라 하니 이곳에 황색의 밝은 빛이 준두와 응하면 100가지 일이 길하여 번창할 것이요. 적색은 마땅하지 못하다.

오른쪽 눈썹에 누런빛이 밝게 피어올라 빛나면 재물의 기쁨을 자주 즐기게 된다. 눈썹을 라계라 하니 눈썹 위가 누렇게 빛나면 왼쪽은 주로 사람이 불어나고 재물은 더욱 쌓여가고 오른쪽은 주로 처를 가지며 자녀를 생산하니 1개월 동안 적색이 있으면 방해하는 송사가 생긴다. 하얀색은 부모를 방해하며 푸른색은 우환과 질병을 검은색은 감옥에 갇히거나 사망인데 자신이나 형제의 형극이다.

구주(중국 대륙의 지명을 얼굴의 부위에 적용하였다)에 황색의 빛깔이 돌면 기쁨이 저절로 하늘에서 내려온다. 양주는 이마요, 익주는 턱이요, 예주는 코요, 형주는 왼쪽 태양이요, 서주는 오른쪽 태양이요, 청주는 왼쪽 관골이요, 양주는 왼쪽 관골이요, 예주는 왼쪽 입이요, 옹주는 오른쪽 입이니 황색 밝은 빛이 얼굴 가득 빛나면 반드시 관직이 오르고 과거에 급제하며 많은 재물이 들어온다.

자색의 빛이 얼굴 가득하면 하지와 동지까지 녹봉이 따르니라.

이번엔 서양 쪽을 한번 살펴보자. 다음은 프랑스 시인 프랑수아 비용의 〈아름다운 올비에르의 회한〉 중 일부이다.

매끄러운 이마와
블론드 색의 머리칼, 아치형의 둥근 눈썹
넓지도 작지도 않은 그 아름다운 오뚝한 콧날과
머리에 붙은 자그마한 귀.
보조개가 움푹 팬 귀여운 턱과 아름답던 진홍빛 입술은 어디에?

1432년 태어난 시인은 1452년 파리 대학 문학부를 졸업했다. 학창 시절에 방탕함에 빠져서 각지를 방랑하며 각종 사건에 휘말려 도망자 생활을 했다.

방랑 생활 중에 〈유품〉을 비롯해 수많은 시를 썼는데 좌절, 절망, 후회, 노여움, 소망, 냉소적인 비애 등이 담겨 있다. 가난과 죽음의 고통에 몸부림치는 인간 삶의 참혹한 장면을 절절하게 표현했다고 평가를 받는 그는 근대 서정시의 길을 열었던 보들레르와 비교된다. 앞서 소개한 구절은 어떤가? 시 자체로 아름답기도 하지만 무엇보다도 서양인들이 아름답다고 생각하는 얼굴 생김새가 어떤지 엿볼 수 있다.

서양인은 관상에서 어떤 색을 볼까? 동양에서 얼굴빛과 얼굴색을 중요하게 생각한다면 서양은 홍채의 색을 통해서 사람의 정서와 건강을 읽는다.

관상도
노력하면 바뀔까?

스웨덴 외레브로 대학의 연구를 보자. 이 대학 매츠 라슨이 이끈 연구팀은 428명의 실험 참가자들을 대상으로 홍채를 연구했다. 그 결과 홍채 내에 있는 선, 점, 색깔이 지문처럼 각자의 고유한 모양과 특정 패턴이 있음을 발견했다.

동공이 확장될 때 형성되는 홍채소(동공에서 방출되는 선 crypts)와, 신경링(홍채 가장자리를 둘러싼 굵은 선 contraction furrows), 색소점(홍채 내의 점 pigment dots)과 그들의 성격 특징과의 연관관계를 분석한다.

그 결과 촘촘한 홍채소를 가진 사람들이 그렇지 않은 사람들보다 더 친절하고 배려가 많으며 부드럽고 사람을 잘 믿는 성향이 강했다. 무엇보다 인간관계에 있어서 타인의 정서에 공감하는 경향이 있음을 밝혀냈다. 신경링이 얇은 사람은 무감각하고 안정적이고, 두꺼운 사람은 신경질적이고 충동적이고 욕구 변화가 컸다.

연구팀은 홍채 구조의 발달을 관장하는 유전자 서열은 뇌의 전두엽 발달에 미치는 영향이 크기에 눈의 구조와 성격은 상관관계가 있다는 사실을 밝혀냈다.

한편 피츠버그 대학 연구팀은 58명의 임신 여성을 대상으로 한 연구에서 밝은색의 눈을 가진 여성은 어두운 눈을 가진 여성에 비해 출산할 때 고통이 덜함을 밝혀냈다. 산후 우울증도 적었다. 밝은색 눈을 가진 사람들은 알코올 분해 능력이 뛰어난 반면 어두운색 눈을 가진 사람들은 분해 능력이 약해서 금방 취하는 것으로 나타났다.

조지아 주립대학 심리학자들도 1만 2,000명의 남녀를 대상으로 비슷한 실험을 했는데 밝은색 눈을 가진 사람들이 어두운색 눈을 가진 사람보다 더 많은 알코올을 소비한다는 것을 발견했다.

1991년 버터 대학의 심리학자 앤서니 플런 박사는 100명 이상의 학생 등을 대상으로 실험을 했다. 테스트 결과 검은 눈동자를 지닌 학생의 생각하는 속도가 그렇지 않은 학생들에 비해 더 나은 결과를 보였다. 눈과 뇌의 활동에 연관성이 드러난 것이다. 이에 플런 박사는 눈이 신경 과학적으로 뇌와 매우 가깝게 연결되어 있어, 겉으로 드러난 뇌의 유일한 부분이라고까지 말한다.

루이빌 대학의 연구에서는 파란 눈의 학생들이 계획적이고 시간 구성을 잘 활용하는 골프, 크로스컨트리, 달리기, 시험공부 등에 더 뛰어난 능력을 발휘함을 밝혀냈다. 1977년 저널 〈사회 심리학〉 연구진은 파란 눈의 아이들이 검은 눈동자의 아이들보다 자신의 행동을 억제하는 경향이 있음을 밝혀냈다.

런던의 신경외과 국립 병원의 연구팀은 멜라닌 색소가 소음에 의한 뇌의 신경 손상 보호와 관계가 있다고 발표했다. 이어 밝은 눈의 사람이 청각의 문제가 발생할 수 있다고 하였다. 이처럼 인간의 눈 색깔은 우리 삶과 커다란 연관성을 갖고 있다. 이는 관상으로 실제 삶을 유추할 수 있다는 뜻이다.

그렇다면 다음과 같은 의문이 드는 것은 당연하다. 관상은 태어날 때부터 정해지는 것인가? 한번 정해진 관상은 절대 바뀌지 않을까? 매력적인 관상을 노력으로 만들 수는 없을까?

결론부터 말하면 쉬운 일은 아니지만 불가능한 일도 아니다. 대표적인 예로 과일과 채소에 들어 있는 붉은색과 파란색 색소는 피부를 황금색으로 만든다. 햇빛에 많이 노출해도 건강한 갈색 피부를 가꿀 수 있다. 황금색 피부는 이성에게 건강한 매력을 어필할 수 있다.

피부의 색이 변하는 착색 효과는 두 가지이다. 햇볕에 피부가 그을려서 만들어지는 멜라닌 착색이 있고 과일과 채소를 많이 먹어서 되는 카로티노이드 착색이 있다.

영국 리즈 대학 의사결정센터 연구진들이 60명을 대상으로 피부색과 매력을 연구했다. 멜라닌 착색과 카로티노이드 착색으로 인한 얼굴색 변화를 보여주면서 매력을 평가했다.

영국의 〈실험 심리학의 분기별 저널〉에 발표된 연구 결과에 따르면 응답자의 76퍼센트가 밝은 색깔의 과일과 채소를 먹어서 생긴 황금색이 햇볕에 그을려서 생긴 갈색보다 더 매력적이라고 답했다.

연구진은 카로티노이드 착색이 일상의 스트레스에 의해 생성된 손상 화합물을 흡수하는 데 도움을 주고 우리의 면역과 생식 시스템에 대한 중요한 항산화제라고 밝혔다. 한마디로 과일과 채소로 만든 황금색 피부는 건강하다는 신호를 상대에게 전달하고 매력적으로 보이게끔 한다.

색으로
건강을 지키자

'코로나 블루(corona blue)'라는 말을 들어보았는가? '코로나19' 와 '우울감(blue)'이 합쳐진 신조어로 코로나19 확산으로 일상에 큰 변화가 닥치면서 생긴 우울감이나 무기력증을 뜻한다. 이는 감염 위험에 대한 우려와 사회적 거리 두기로 인해 일상생활에 제약이 커지면서 나타난 현상이다.

갑작스러운 재난은 우리에게 불안감, 두려움 같은 정신적인 충격을 준다. 언제든 코로나19에 감염될 수 있다는 두려움, 외부 활동을 자제하고 실내에 머물러 있으면서 생기는 답답함, 사람들과 거리 두기로 인한 활동 제약에 따른 무기력증, 감염 관련 정보와 뉴스로 인한 불안감, 주변 사람들이 코로나19에 감염되지 않았을까 하는 경계심. 이런 현상들이 겹쳐서 '코로나 블루'를 만들어낸 것이다. 전문가들은 코로나 블루를 예방하고 극복하려면 규칙적인 수면과 기상 시간을 유지하고 일상적인 생활 리듬을 유지하는 것이 매우 중요하다고 말한다.

이처럼 코로나가 기승을 부리면서 세계인의 관심이 건강과 위생에 온통 쏠리고 있다. 색은 여기에도 등장한다. 바로 전 세계적으로 인기를 끌고 있는 '컬러 푸드'다. 컬러 푸드를 섭취하면 면역력이 좋아진다.

건강을 지키는
컬러 푸드

면역에 도움이 되는 식품을 골고루 섭취하려면 색을 봐야 한다.

예를 들어 채소 등 우리가 먹는 농산물에는 피토케미컬이라는 물질이 들어 있다. 이는 자연적으로 발생하는 천연 화학물질로 우리 건강에 좋은 역할을 하며 작물마다 고유의 색을 내는 데 기여한다. 우리 식탁에 오르는 먹거리가 다양한 색을 보여주는 이유이다.

요즘은 검은색과 보라색을 가진 먹거리가 면역력에 도움이 된다고 해서 인기다. 농산물이 인기를 얻다 보니 가공식품도 이 색을 따라 한다. 검은색 케이크와 에너지 음료가 인기를 끌고 보라색 빵과 스낵이 불티나게 팔린다. 예전에는 먹음직스럽지 않았던 색이 코로나 시대를 맞아 건강한 음식의 대명사로 주목받고 있다. 다양안 컬러 푸드의 세계를 알아보자.

빨간색 – 레드 푸드

강렬한 색상으로 식욕을 자극하는 붉은색은 리코펜을 함유한다. 리코펜은 폐 질환을 완화시키며, 남성의 성 기능, 항암 작용, 노화 방지, 치매 예방에 효과가 있는 영양소이다. 위를 튼튼하게 하고 시력 강화에도 좋고 심장을 튼튼하게 하고 정신을 맑게 한다. 또한, 몸을 따뜻하게 해 혈액 순환에도 도움이 되며 뇌 질환, 심장 질환을 예방할 수 있다.

대표적인 식품은 사과, 석류, 딸기, 토마토, 체리, 앵두, 수박, 팥, 대추, 오미자 등이다. 매운맛을 내는 붉은 고추도 레드 푸드에 속한다. 고추의 붉은색은 카로티노이드계 색소 때문이고 여기에는 비타민 A가 함유돼 있다.

식전에 레드 푸드를 먹으면 활력을 얻을 수 있고 위와 장의 운동을 촉진한다. 사과를 아침에 먹거나 공복에 토마토를 먹으면 혈압을 낮춘다.

노란색 – 옐로 푸드

노란색 식품에는 우리 몸에 들어가면 비타민 A로 바뀌는 카로티노이드계 색소가 들어 있다. 카로티노이드는 세포가 늙는 것을 막아주고 폐암을 가장 잘 예방하는 식품이기도 하다. 노란색은 근육에 사용되는 에너지를 만드는 데 효과가 있어서 관절염 치료제로도 사용한다.

대표적인 옐로 푸드로는 자몽, 망고, 옥수수, 감귤, 파인애플,

감, 복숭아, 살구, 호박, 당근 등이 있다. 대체로 달콤한 맛이 있어서 식욕을 자극한다.

카로틴 성분이 풍부한 당근은 간에 영양을 공급해서 시력 보호를 도와준다. 이뿐만 아니라 발육 촉진, 피부 보호, 항암 작용을 한다. 호박은 칼륨이 많아서 이뇨 작용을 돕고 출산 후에 부기를 빼는 데 쓰인다. 또 식이섬유가 많이 들어 있어 장운동을 활성화시킨다.

초록색 – 그린 푸드

채소의 녹색은 엽록소 성분 때문이다. 엽록소는 상처를 치료하고 세포를 재생시키며, 콜레스테롤 수치를 내려줘 혈압을 낮춘다. 그래서 그린 푸드는 성인병을 예방하는 데 효과가 있고 노화를 방지하는 역할도 한다.

그린 푸드에는 배추, 케일, 시금치, 쑥, 부추, 깻잎, 고춧잎, 멜론, 키위, 청포도. 브로콜리 등이 있다. 시금치에는 칼슘, 철분 등의 무기질이 풍부하고 쑥에는 세균에 대한 저항력을 길러주는 비타민 A가 상당히 많이 함유돼 있다. 브로콜리 역시 비타민 C와 비타민 E가 풍부하게 노화 방지와 피부 미용에 좋다.

보라색 – 퍼플 푸드

보라색 채소에는 안토시아닌계 색소가 들어 있는데, 이 색소는 심장 질환과 뇌졸중 위험 감소, 혈액 순환 개선 효과가 있다.

지방질을 잘 흡수하고 혈관 속의 노폐물을 용해 배설시켜 피를 맑게 한다.

대표적인 식품으로는 가지, 포도, 블루베리, 자두, 적색 고구마, 자주, 적채(보라색 양배추), 오디, 복분자, 흑미 등이 있다. 가지에는 경련을 억제하는 기능이 있어서 신경통 치료제로도 사용된다. 포도는 껍질이 좋다. 동물성 지방 섭취로 증가한 노폐물이 혈관벽에 붙는 걸 막아서 심장병을 예방하고 항암 작용도 한다.

흰색 – 화이트 푸드

흰색 채소에는 플라보노이드 계열인 안토잔틴 색소가 들어 있는데 여성의 갱년기 증상을 완화시키고 콜레스테롤 수치를 낮춰서 심장병을 예방하는 효과가 탁월하다.

대표적인 식품으로는 바나나, 배, 복숭아, 마늘, 양파, 버섯, 도라지, 감자 등이 있다. 양배추는 세계 3대 장수 식품으로 꼽히고 뛰어난 항암 효과를 자랑한다. 또한 양배추에 많이 들어 있는 비타민 U는 위염, 위궤양 환자들의 치료식으로도 사용된다. 마늘과 양파는 혈중 콜레스테롤 수치를 내려주고 고혈압과 동맥경화 예방에 큰 도움을 주는 것으로 유명하다. 무에는 비타민 C가 많이 들어 있다.

검은색 – 블랙 푸드

검은색에는 우리 몸에 유익한 안토시아닌 성분이 들어 있다.

안토시아닌은 성인병에 효능이 있고 강력한 항산화 작용을 한다. 또한 심장 질환과 뇌졸중을 예방한다. 검은콩에는 식물성 여성 호르몬이 들어 있어서 갱년기 증상을 개선하는 데 효과가 있다.

대표적인 블랙 푸드로는 검은콩, 건포도, 흑임자, 흑미, 오징어 먹물, 목이버섯, 오골계, 김, 미역, 다시마, 메밀 등이 있다. 특히 흑미를 자주 먹으면 시력이 보호되고 빈혈 예방에 탁월하다. 성장기 아이들에게도 좋은 성분이 많아서 흑미로 이유식으로 만들어 먹이면 좋다. 또 흑임자에는 레시틴 성분이 있어서 두뇌 회전을 돕는다. 그래서 머리를 많이 쓰는 사람에게 검은색 식품이 좋다.

색의 상징과 이미지, 그리고 건강

우리는 경험을 통해 색에 다양한 이미지를 입히고 혹은 어떤 개념을 색을 통해 구체화하기도 한다. 색은 건강과도 관련이 있다. 우리가 색을 통해 연상하는 개념이나 이미지는 다음과 같이 건강과 연결된다.

색상	상징과 연상	건강
빨간색	열정, 정열, 행동, 모험, 행동, 표현, 활력, 혁명, 화려, 개방, 끌림, 과격, 다혈질, 흥분, 산만, 태양, 사과, 장미, 피, 투우사의 빨간 천, 앵두, 불, 소방차, 우체국, 혁명, 전쟁, 수술	순환기, 심장, 혈관, 중풍

분홍색	열정, 요염, 감미, 섹시, 쾌감, 발랄, 애교, 달콤, 행복, 애정, 흥분, 귀여움, 질투, 조울, 가식, 키스, 연지, 입술, 사탕	심장, 빈혈
주황색	활기, 유쾌, 명랑, 활력, 담대, 만족, 따스함, 온화, 쾌활, 풍부, 적극, 온정, 행복, 초조, 가련, 오렌지, 귤, 살구, 노을, 주스	
노란색	명랑, 긍정, 희망, 평화, 대담, 끈기, 고집, 회피, 가식, 밝음, 발랄, 행복, 기쁨, 환희, 산뜻, 질투, 병아리, 개나리, 바나나, 봄, 유치원, 어린이, 나비, 해바라기	
초록색	안정, 평화, 인정, 젊음, 포용, 신선, 가치, 소박, 생장, 충만, 평정, 부드러움, 건실, 착함, 심미, 질투, 관대, 나무, 숲, 봄, 자연	
파란색	성실, 숭고, 지성, 사랑, 신비, 성장, 포용, 냉철, 평화, 투명, 인애, 자유, 자연, 질투, 고독, 냉담	
자주색	창조, 창의, 우아, 신비, 예술, 위엄, 품격, 숭고, 권위, 권력, 조울, 냉철, 고독, 냉담	
보라	우아, 매력, 섹시, 창조, 창의, 신비, 예술, 사랑, 심미, 애정, 연모, 질투, 낭비, 우울, 고독	조울증
회색	겸손, 생각, 권위, 위엄, 안정, 안전, 소극, 얌전, 절박, 우울, 걱정, 무기력, 부정, 먼지, 안개, 잿빛, 비구름	알레르기, 만성 피로, 스트레스, 과민성, 불면증
검은색	침묵, 저장, 생각, 창의, 아이디어, 수리, 억압, 상상, 위엄, 신성, 부정, 망상, 걱정, 불안, 슬픔	신장, 방광, 자궁, 비뇨기, 스트레스, 과민성, 불면증
흰색	순수, 순결, 청결, 소박, 깔끔함, 완벽, 정의, 정직, 솔직함, 깐깐함, 계획, 고독, 폐쇄, 자폐, 결백	대장, 폐, 뼈

| 갈색 | 견고, 안정, 확고함, 권위, 헌신, 현실, 결과, 자연, 영감, 신비, 안정, 차분, 고독, 끈기, 대지, 가을, 초콜릿, 담배, 낙엽, 흙, 밤, 나무, 가구, 커피 | |

삼
(三)

색으로 운명을 바꾼다

매력은
색으로부터

"사주팔자, 유명 인사. 잠깐 STOP 권지용!"

2017년에 발매된 지드래곤의 솔로 앨범에 수록된 'intro, 권지용'이란 곡의 가사이다. 자신의 이름을 앨범 제목 삼고 스스로 '사주팔자가 유명 인사'라고 일컬으며 스타로서의 존재감을 자랑한다.

아이돌 그룹 빅뱅의 리더로 데뷔해서 최고의 인기를 누리고 작곡과 작사에 재능을 보이며 솔로로도 성공한 지드래곤은 단순히 인기 있는 연예인이 아니다. 그는 자신을 하나의 브랜드로 만들어 세계적인 스타의 대열에 올랐다. 소속사 대표와 빅뱅 멤버들이 추문에 휩싸이기는 했으나 지드래곤의 영향력과 존재감은 여전하다.

지드래곤은 연예인의 사주를 타고났다. 초년 운부터 말년 운까지 크게 흠이 없이 고속도로처럼 탄탄대로다. 그가 스타로서 크게 인기를 끈 이유는 재능과 실력을 겸비해서다. 하지만 그것이 전부는 아니다. 이 정도로 대단한 스타가 되자면 대중을 열광케 할 대단한 매력을 가졌다고 봐야 한다.

자신이 만든 노래 가사처럼 그의 사주를 보면 강한 매력의 소유자임을 알 수 있다. 보통 연예인에게 도화살(桃花煞)이 있다고 하는데 지드래곤은 이 도화살을 세 개나 쥐고 있다. 거기에 완벽주의적인 성향까지 있어 노력을 게을리하지 않는다. 그러니 연예인으로 성공할밖에. 그러나 그는 여기에 그치지 않는다. 야망이 크고 강해서 현재의 성공에 만족하지 않는다. 늘 새로운 분야를 개척하려고 한다.

이런 사주를 타고난 사람은 절제가 필요하다. 열정적 에너지를 아낄 필요가 있는 것이다. 한 가지에 집중하고 푹 빠지는 성향도 있는데 이 역시 조심해야 한다. 지드래곤의 식상(食傷)을 보면 가수처럼 입을 쓰는 직업, 예를 들면 연기자나 MC로 입지를 넓혀도 성공 가능성이 있다.

지드래곤은 패션의 아이콘이기도 하다. 그가 입고 신은 아이템은 웃돈까지 얹혀서 거래된다. 그가 옷을 잘 입는 데는 을목(乙木)의 화(火) 기운이 강한 사주가 한몫했다. 아이템을 선택하는 능력도 뛰어나고 장르를 불문하고 옷을 입으며 여성복까지도 소화하는 과감성을 가졌는데 이 역시 화의 영향이다.

화의 성향을 가진 사람은 감각이나 표현력이 좋다. 수(水)가

남의 눈치를 보고 배짱이 부족해서 옷도 보수적으로 입는 것과 정반대다. 화는 하고 싶은 대로 하기 때문에 옷도 자신이 입고 싶은 대로, 과감하게 입는다.

그렇다면 그의 고유색은 어떤 색일까? 신금(申金)을 타고난 그의 고유색은 삶의 성취와 성공을 부르는 분홍색이다. 성공한 연예인들 가운데 분홍색과 보라색이 고유색인 이들이 많다. 지드래곤도 그렇다.

이렇게 고유색이 분홍색인 경우에는 반대 성향의 색을 가까이하는 것이 좋다. 원칙으로 따지면 지드래곤에게 행운을 주는 색상은 흰색, 검은색 등이다. 실제로 지드래곤은 좋아하는 색으로 베이지색과 검은색을 꼽았고 '블랙(black)'이라는 노래를 발표하기도 했다.

자신의 몸과 어울리는 색인 '퍼스널 컬러'는 차가운 느낌의 여름 쿨톤이다. 실제로 그는 우윳빛 피부, 밝은 눈동자와 어울리는 강렬한 색의 옷을 즐겨 입는다. 검은색을 입더라도 답답하지 않은 쿨톤을 고른다. 다른 남성들은 절대 시도할 수 없는 색을 과감하게 두르는 것은 그가 자기에게 어울리는 색을 알기 때문이다. 또 얼굴이 작으면서 선이 곱고 체구가 아담해서 여러 옷을 겹쳐 입는 레이어드룩을 소화할 수 있다. 자신의 몸을 파악하고 그 흐름에 맞춰서 세련되게 입는 게 그가 패션의 아이콘이 된 비결이다.

방탄소년단
랩몬스터의 패션

지드래곤 이상으로 패션계의 거물로 꼽히는 아이돌이 또 있다. 바로 방탄소년단의 리더 랩몬스터(RM)다. 알엠은 패션지 〈하퍼스 바자*Harper's Bazaar*〉 일본판이 선정한 2020년 파워 드레서 10인 중 한 명으로 선정됐다.

금(金)의 기질이 강한 알엠은 원칙적이고 계획적인 사람이다. 정답이 나오는 걸 좋아하고 작은 것 하나도 놓치지 않고 관리하는 완벽주의자 성향을 가졌다. 좋게 말하면 계획적이며 철저하고 나쁘게 말하면 실수를 용납하지 못하기 때문에 망설인다.

그가 "평소 소심한 성격 때문에 댓글을 확인하고 기억해두며 고민을 많이 한다"고 말한 것도 금(金)의 기질 때문이다. 댓글에 일희일비하며 인터넷에서 유행하는 '드립'이나 유행어를 수집해서 '김네티즌'이란 별명도 있다.

너무 완벽함만 추구하면 피곤해질 수 있다. 이런 사람들은 스트레스를 많이 받아 소화 기능이 떨어질 수 있으니 유의해야 한다. 무엇보다 여유를 가지는 게 중요하다. 자신을 느슨하게 놓아주는 연습을 해도 괜찮다. 안 그래도 기본적으로 남들보다 완벽하려고 노력을 많이 하기 때문이다. 색은 고유색인 흰색과 반대되는 빨간색과 파란색을 가까이하면 운을 좋게 하는 데 도움이 된다.

뛰어난 음악적 자질, 영어 실력, 패션 감각을 두루 갖춘 그는 유명한 미술품 수집가이기도 하다. 휴가 동안 한국국제아트페어(KIAF)를 찾는다든가, 국립현대미술관에 거액을 기부하는 등 미술 애호가로서의 모습을 보여줬다. 해외 팬들도 '방탄 덕후 미술 투어'라는 이름으로 알엠이 방문한 미술관을 찾는다. 이렇게 미술을 좋아하는 것은 그 자신이 손재주를 타고난 운명이기 때문이다. 예술적이고 디테일한 성향이 강해서 뮤지션이 아니라 화가였어도 성공했을 인물이다. 미술품 수집 취미도 자신의 타고난 예술적인 재능이 발현됐기 때문이라고 볼 수 있다.

같은 색,
다른 해석

한국, 중국, 일본을 포함한 동양 문화권에는 예나 지금이나 음양오행설이 굳건하게 자리 잡고 있다. 음양오행설에 따른 오행색은 청(靑), 적(赤), 황(黃), 백(白), 흑(黑)의 다섯 가지 색을 말한다. 오행색은 오방색(五方色), 오간색(五間色), 오방잡색(五方雜色)이라고도 부른다. 태극(무극)에서 음과 양의 기운인 음양이 생겨나고 음양의 기운에서 오행(五行)인 화(火), 목(木), 토(土), 금(金), 수(水)를 만들었다는 음양오행 사상은 동양의 기본 사상이다.

오행에는 다섯 가지 색에 관한 다양한 분석이 존재한다. 방향으로 보면 중앙의 황, 동쪽의 청, 남쪽의 적, 서쪽의 백, 북쪽의 흑이 있고 청과 백의 중간색으로 벽(碧), 적과 백의 중간색으로 홍

(紅), 흑과 적의 중간색으로는 자(紫)색, 흑과 황의 중간색으로 유황(硫黃)색이 있다.

동양의 색상과 방향

	동	서	남	북	중앙
한국	청	백	적	흑	황
일본	청	백	적	흑	황
중국	청	백	적	흑	황
인도	백	흑	황	적	

황색은 오행 가운데에서 토에 해당하며 우주의 중심이라 하여 가장 고귀한 색으로 황제나 왕의 옷을 황색으로 만들어 입었다. 청색은 오행 가운데 목에 해당하며 만물을 생성하는 봄의 색이며, 적색은 오행 가운데 화에 해당하며 정열과 화창함으로 여름의 색, 백색은 오행 가운데 금에 해당하며 결백, 진실, 순결로 가을의 색, 흑색은 오행 가운데 수에 해당하며 지혜, 창의, 수리로 겨울의 색으로 구분한다.

한국과 가장 가까운 국가인 중국이 선호하는 색을 보면 동양의 색을 알 수 있다. 많은 사람이 중국 하면 붉은색을 떠올린다. 중국은 황색, 자색, 홍색, 녹색, 청색, 흑색, 백색의 순서로 신분을 구별했으며, 황색은 제왕의 색으로 금기되었던 색이었고 붉은색이 부의 상징이었다. 중국에서 붉은색은 귀신을 물리치는 데 쓰인다.

이런 중국인의 믿음과 관련된 고사가 있다. 과거 중국에 영(秽)이라는 요괴가 있어서 겨울이면 민가로 내려와 가축을 잡아먹고 어린아이들에게 전염병을 옮긴다는 소문이 자자했다. 그런데 그 요괴는 불빛이나 큰소리, 붉은색을 싫어한다고 전해졌다. 그래서 중국은 설날이 되면 폭죽을 터뜨리고 붉은색으로 장식하는 풍습이 지금까지 내려오고 있다.

한편 붉은색은 중국에서 행운을 가져다주는 색으로 춘절에는 빨간 속옷이나 빨간 양말 등을 선물하고 결혼식에서 축의금 봉투도 빨간색을 쓴다. 예식장의 대문도 신부의 웨딩드레스도 빨간색으로 사용한다.

중국에서는 홍(紅)은 '붉다'는 뜻도 있지만 '운이 좋다', '잘나간다', '인기가 있다', '번창하다'의 의미도 지니고 있다. 홍런(紅人)은 잘나가는 사람, 인기 많은 사람을 뜻한다. 홍빠오(紅包)는 보너스, 행운의 돈을 뜻한다. 왕홍(網紅)은 '인터넷 스타'라는 말로 왕뤄홍런(網絡紅人)에서 유래했다.

중국의 북경에 있는 궁궐인 자금성(紫禁城)의 자(紫)는 자색, 붉은색을 말하고 황제의 집을 의미한다. 금(禁)은 황제의 허락 없이 나갈 수 없음을 의미한다.

붉은색이 중국에서 길한 색으로 인식되는 반면에 녹색은 다소 부정적으로 여겨진다. 이는 원나라 때 법으로 매춘부의 남편이나 가족에게 녹색 모자를 쓰게 한 것만 봐도 알 수 있다. 그 이후로 녹색은 불륜을 의미한다. 따이 뤼마오쯔(戴綠帽子)라는 말이

'아내가 바람을 피운다'는 의미로 흔히 쓰이는 것도 그래서다.

이 밖에 남색은 깔끔하고 맑은 이미지를 상징하고 검은색은 사악함, 은밀함, 위법 등 부정적인 의미가 있다. 라헤이(拉黑)는 수신 거부, 즉 차단을 의미한다. 베이헤이(被黑)는 해킹을 당한다는 의미이고 헤이스(黑市)는 암시장을 뜻한다. 헤이커(黑客)는 검은 손님, 즉 해커를 의미한다.

중국 문헌에 나타난 오행색

①청색

청색은 일반적으로 사람들이 가장 좋아하는 색 중 하나다. 녹색, 연두색, 남색도 포함한다. 청춘, 봄, 생명, 하늘, 희망, 출세, 안전, 평화, 순결, 공명정대, 정의, 빈천 등을 상징한다.

②적색

광명, 충성, 경사, 생명, 강직, 번창, 혁명, 행복, 열정, 성취, 기쁨, 따듯한, 운수가 좋음, 권세가 높음, 지위가 높음, 여인의 아름다움, 꽃의 아름다움, 아무것도 없음, 완전히 드러남, 얼굴이 붉어짐, 화를 냄, 멋대로 행동함을 상징한다.

③황색

황제, 존귀, 부귀, 중앙, 이상 세계, 노인, 미성숙, 병색이 있는, 색정, 하류, 함부로 행동함, 허황된 일, 가치 없는 일을 상징한다.

④백색

분명, 영원, 순수, 결벽, 순결, 비천, 상서로움, 평민, 시비, 사망, 장례, 햇빛, 하늘, 하얗다, 대낮, 아무것도 없다, 텅 비다, 밝다, 환하다, 깨끗함을 상징한다.

⑤흑색

존귀, 엄숙, 장엄, 비천(卑賤), 시비, 오류, 사악, 불법, 어둠, 반동, 미인을 의미한다.

색의 나라
일본

일본은 색의 나라라고 해도 과언이 아니다. 이는 도쿄에 가서 도심을 잠깐 걷기만 해도 알 수 있다. 도쿄의 택시는 노랑, 빨강, 주황, 녹색 등의 화려한 색상으로 도로 위를 달린다. 도쿄의 건물은 또 어떤가? 형형색색의 간판이 거리에서 빛난다.

엄청난 색의 향연이 감각적인 자극과 피로를 동시에 느끼게 하는 나라가 일본이다. 도쿄의 가로수인 은행나무는 가을만 되면 노란색 물결로 출렁인다. 도시의 은행잎이 이처럼 노란색으로 물들어 가슴을 울렁이게 하는 일은 흔치 않다. 이렇게 색과 친한 일본 사람들은 모든 분야에서 동양의 색을 절묘하게 활용한다. 같은 문화권 사람이 봐도 아름다운데 서양인 눈에 비친 일본의 색은 얼마나 신비로울까?

특히 일본이 그들의 만화와 음식을 세계적으로 알릴 수 있었던 비결도 바로 색에 있다. 일본의 만화와 애니메이션이 전 세계적으로 유명한 이유가 무엇일까? 창의적인 스토리도 한몫하지만 독특한 컬러도 이들을 돋보이게 한다.

음식도 마찬가지이다. 일본의 음식은 맛으로만 승부를 하지 않는다. 일본 음식은 입이 아닌 눈으로 먹는다는 표현이 있다. 아름답게 꾸민 음식은 음식의 가치를 높여줄 뿐 아니라 음식의 맛을 더 깊게 느끼게 한다.

음식의 부속품에 지나지 않는 그릇이지만 일본 음식은 일본 도자기의 영롱한 빛과 함께 거듭났다고 보아도 무방하다. 일본인들은 자신들만의 독특한 색을 음식 문화에 입혔다. 그릇의 아름다운 디자인과 문양이 눈길을 사로잡는다. 마치 예술 작품처럼 한껏 멋을 부리고 음식과의 조화가 절묘하다.

음식을 만드는 건 요리사지만 음식을 디자인하는 건 그릇이다. 연어알 초밥을 본 적이 있는가. 흰 쌀밥을 김으로 말아 위에 주황색 연어알을 올린다. 여기서 끝이 아니다. 김밥 아래에 흰 쌀밥을 노출시켜 흰색을 강조한다. 흰 쌀밥과 검은색의 김, 그리고 그 위에 얹힌 주황색의 연어알이 만들어낸 색상의 대비가 눈길을 사로잡는다.

연어알 초밥을 담을 때 매혹적인 코발트블루 컬러의 그릇을 많이 쓴다. 그윽한 색채에서 차분함이 감돌고 그 너머에 어딘가 신비롭고 몽환적인 분위기가 가득하다. 초밥 하나를 먹는데도 예술 작품을 감상하는 분위기를 연출한다. 이것이 일본의 색이고 일본의 음식 문화다.

색에 관한 일본인의 예술적인 감각은 의상에서도 드러난다. 전통 의상 기모노(着物)는 화복(和服), 즉 '와후쿠'라고도 부른다. 원래 몸에 걸치는 모든 옷을 통칭했는데 메이지 유신 이후에 서양 의복이 도입되면서 이에 대응해 일본 전통 의상을 뜻하는 의미로 축소됐다.

기모노는 몸 전체를 감싸는 형태로 길고 넓은 소매가 달렸고 깊이 있는 일직선으로 된 T자형 겉옷으로 되어 있다. 왼쪽 부분이 오른쪽 부분을 여미도록 입어야 하며 오비라고 부르는 넓은 허리띠를 두른 뒤 등 뒤로 묶어 옷을 고정하며 옷단은 발목까지 내려간다. 기모노를 입을 때는 발가락 부분이 나뉘어 있는 버선과 전통 신발(조리 혹은 게다)을 신는다.

기모노는 정장에서 평상복까지 매우 다양하다. 여자 기모노의 격식 수준은 대부분 옷감의 무늬와 색상에 따라 결정된다. 나이 어린 여성의 기모노가 훨씬 화려하고 다양하다. 남자 기모노는 보통 한 가지 기본 형태이며 주로 단조로운 색상이다.

서양의 색
인식

　　　　　　서양 문화와 동양 문화는 색을 바라보는 시각도 서로 다르다. 따라서 같은 색을 두고도 문화가 다르면 해석과 의미가 달라진다. 여기서는 색에 관한 서양인의 인식을 살펴볼 것이다. 앞서 살펴본 동양의 색과 비교해가며 이해하면 더욱 재미있지 않을까.

　서양의 중세 유럽은 색의 명칭이 확정되지 않은 시대였다. 그래서 여러 가지 비슷한 색을 하나의 이름으로 불렀다. 예를 들어서 하늘색, 초록색, 연두색, 남색 등의 이름이 따로 존재하지 않고 모두 '파란색'으로 불렀다.

　또한 기독교 문화의 영향으로 신이 밝은 빛과 함께한다고 생각하고 밝은색을 긍정적으로 평가했다. 반면에 어두운색에는 부정적인 가치를 부여했다. 눈처럼 하얀 피부, 밝고 푸른 눈, 붉은 볼이 당시 사람들에게 이상적으로 대접받았고 검은 피부, 검은 머리카락 등 어두운 색채에는 편견이 강했다. 이는 흑인이나 유대인들을 차별의 대상으로 적대시하는 경향으로 이어졌다.

　프랑스 속담에 "검은 눈은 지옥으로 가고 회색 눈은 낙원으로 가며 푸른 눈은 하늘로 간다"는 말이 있을 정도로 어두운색을 싫어했다. 18세기 말의 유명한 관상학자였던 요하나 라바터의 밝은색과 어두운색에 대한 생각을 들어보자.

흰색은 발랄하고 검은색은 어둡고 무서운 것은 우리가 빛을 사랑하기 때문이다. 이것이 지나쳐서 어떤 동물들은 때에 따라 어둠이 싫다는 이유만으로 불에 뛰어들기도 하는 것이다. 우리가 빛을 가상(嘉賞)하는 이유는 그것이 우리로 하여금 지식을 갈구하는 영혼들에게 사물을 알게 하고 필요한 것과 위험스러워 피해야 하는 것을 알게 해주기 때문이다.

우리는 검은 빛을 떠는 모든 것을 싫어한다. 자연은 지상의 모든 동물 심지어 검푸른 식물에게도 무엇이 자신에게 유리한지 경고하고 있다. 사람은 판단하는 능력이 전혀 없는 어린 아기까지도 검은 얼굴의 사람을 무서워한다.

중세 유럽에서 검은색은 지옥의 색상, 유해한 색상, 혐오의 색상, 과부의 색상이었으며 성직자의 색상, 수도자의 색상이었다.

검은색이 부정의 색이었다면 노란색에는 긍정과 부정, 양극단의 두 가지 의미가 공존했다. 황금색 빛이 나기 때문에 성스러움을 상징했고 노란 장미가 사랑을 의미했다. 그러나 한편으로는 유대인 대학살이 자행되던 2차 대전 때 노란색 '다윗의 별'은 죽음을 상징했다.

로마 교황청은 노란색으로 이단 종교에 대한 경계의 표지를 삼았고 종교 개혁 당시 개신교로 개종한 독일의 뷔르템베르크 공작은 자신의 시종들에게 모두 노란색 옷을 입혀 부르고뉴 공작 앞을 지나가게 했다. 노란색 옷을 본 부르고뉴 공작은 뷔르템 베르크가 자신에게 적대적임을 알아차렸다.

저명한 의사 아칸담의 관상서에는 노란색에 대한 부정적인 내용이 많이 수록되어 있다. 그 내용을 보면 다음과 같다.

노란 머리와 검은 머리는 폭력성을 나타낸다. 머리에 숱이 많고 약간 회어간다면 그 사람은 훈련될 수 없는 사람이다. 따라서 지배하려고도 말고 길들이려도 말고 가까이하지 말아야 한다.

창백한 얼굴에 노란빛이 도는 것은 그 사람이 말을 더듬고 혀 짧은 소리를 하며 자주 화를 내고 자제하지 못하는 수다쟁이임을 나타낸다.

17세기 영국 계몽주의 시대의 일기 작가로 자연주의자이자 예술과 종교, 임학에도 조예가 깊었던 존 에블린은 색에 대해서 이런 말을 남겼다.

빨간색은 기지(機智)이고, 갈색은 신뢰이다. 흰색은 까다롭고, 검은 색은 욕정적이다. 붉은 얼굴을 한 남자에게는 책을 읽어주고 흰 얼굴을 한 남자에게는 칼을 뽑아라. 갈색 얼굴을 한 남자에게는 빵을 잘라주고 검은 얼굴을 한 남자로부터는 너의 아내를 지켜라.

이 밖에도 색에 대한 서양의 대표적인 금언들을 보면 다음과
같다.

색은 자연의 미소다. ― 리 헌트(평론가·시인)

색이 전부다. 색채가 올바르다면 그 형식이 맞는 것이다. 색이 전부
이며 음악처럼 진동한다. 그 전부가 떨림이다. ― 마르크 샤갈(화가)

색채는 훨씬 설명적이다. 시각에 대한 자극 때문이다. 어떤 조화는
평화롭고 어떤 것은 위로를 주며 어떤 것은 대담하여 흥분을 일으
킨다. ― 폴 고갱(화가)

색을 알면
한국인의 사상이 보인다

동북아시아에서 색은 5,000년 이전에 만들어진 음양오행의 우주관에서 시작됐다. 음양 사상은 혼돈의 우주인 무극(無極) 또는 태극(太極)에서 음과 양이 나오고 이 음양에서 목(木), 화(火), 토(土), 금(金), 수(水)의 오행이 나왔다고 본다. 이 오행(五行)에서 오색(五色), 오방(五方), 오장(五臟), 오시(五時), 오상(五常), 오방신(五方神) 등이 비롯되어 다양하게 활용됐다.

오색(五色): 청색, 적색, 황색, 백색, 흑색

오방(五方): 동쪽, 남쪽, 중앙, 서쪽, 북쪽

오장(五臟): 간장, 심장, 비장, 폐장, 신장

오시(五時): 봄, 여름, 환절기, 가을, 겨울

오상(五常): 인(仁), 예(禮), 신(信), 의(義), 지(智)

오방신(五方神): 청룡, 주작, 구진, 백호, 현무

혹시 '오방색'이라는 말을 들어본 적이 있는가?《색채용어사전》(박연선)은 그 뜻을 다음과 같이 풀이하고 있다.

한국의 전통색인 오방색은 오행의 각 기운과 직결된 청(靑), 적(赤), 황(黃), 백(白), 흑(黑)의 다섯 가지 기본색을 의미한다. 음양오행설에서 풀어낸 다섯 가지 순수하고 섞음이 없는 기본색이라 불렸으며 오색 또는 오채라고도 한다.

한국을 비롯한 동양은 오랜 역사를 이어오는 동안 오방색에 관한 관심이 컸고 일상에서도 널리 활용했다. 그러나 몇 년 전부터 그 이미지가 많이 훼손되었다. 바로 박근혜 정부의 국정 농단 사건 때문이다. 이제 사람들은 '오방색' 하면 최순실을 떠올린다. 사이비 종교와 연관이 있다고 생각하고 거부감을 느끼는 이들도 많아진 것이다.

실제로 문화체육관광부가 해외 공관에 보낸 달력과 오방색 끈이 최순실이 믿는 종교와 관련 있다는 가짜뉴스가 떠돌기도 했다. 급기야 한 국회의원은 탄핵 당시 대통령 권한 대행인 총리에게 오방색 끈을 내보이며 이렇게 말했다.

"국정농단의 주역이었던 최순실이 믿고 있는 종교가 관료 사회까지 지배한다는 사실이 끔찍하다."

국민의 분노를 감안할 때 충분히 이해할 만하다. 그러나 잘못된 사실은 반드시 바로잡아야 한다. 결론부터 말하자면 오방색은 죄가 없다. 오히려 오랜 역사를 자랑하는 우리의 전통적인 색상일 뿐이다. 최순실이나 사이비 종교와도 아무런 관련성이 없다. 그럼에도 엉뚱하게 수난을 겪은 것이다.

오방색의
조화로움

오방색은 다섯 방위의 색을 의미한다. 앞서 이야기했듯이 동, 서, 남, 북의 사방(四方)에 중앙을 더해 오방이라 불렀다. 각각의 방위마다 고유의 색이 존재하는데 동은 청색, 서는 백색, 남은 적색, 북은 흑색, 중앙은 황색으로 이를 오방색이라 부른다. 예로부터 우리 조상들은 오방색을 귀하게 여겼다.

경복궁을 둘러싸고 우리가 익히 알고 있는 사대문이 있다. 동쪽에 있는 대문은 흥인지문(興仁之門), 남쪽에 있는 대문은 숭례문(崇禮門), 서쪽에 있는 대문은 돈의문(敦義門), 북쪽에 있는 대문은 홍지문(弘智門)으로 중앙에는 보신각(普信閣)을 세웠는데 이를 통해서 오방의 의미를 강조한다. 동양, 특히 한국은 풍수사상에서 동청룡(東靑龍), 서백호(西白虎), 남주작(南朱雀), 북현무(北玄武)의 개념을 받아들였고 여기에도 오방색이 담겨 있다.

오방은 계절, 하루, 사물, 발음 등 다양한 응용을 포함한다. 국립민속박물관에 있는 '일월오봉도'는 청, 적, 황, 백, 흑의 다섯 가지 단청 안료를 칠했다. 또 순조가 효명세자를 책봉할 때 내린 교지(教旨)에도 적, 황, 청, 백, 흑 다섯 가지 색의 종이에 글씨가 쓰여 있다. 이 밖에도 오방색을 응용한 색동두루마기, 오방낭(헝겊 주머니) 등을 궁궐 안이나 여염집 가정에서 사용했다.

한식에도 등장한다. 비빔밥이나 탕평채가 그 전형적인 음식이다. 비빔밥은 청색의 나물, 적색의 고기, 황색의 계란 노른자, 백색의 쌀밥, 김의 흑색이 모두 오방색이다. 궁중요리 탕평채에도 오방색이 있는데, 영조의 탕평책을 상징하는 한국의 궁중 요리로 색상이 시사하는 바가 크다.

영조는 신하들끼리 편을 갈라서 권력과 이익만을 좇는 붕당 간의 싸움이 왕권을 약하게 만들고 백성을 불안에 떨게 한다고 생각했다. 해결 방법을 찾기 위해서 고민하던 중에 모든 당파의 신하를 한자리에 불렀다. 그 자리에서 영조가 내오게 한 음식은 하얀 청포묵을 채 썰어 길쭉하게 찢은 쇠고기와 초록색 미나리를 간장과 식초로 무치고 까만 김 가루를 뿌려낸, 모양도 예쁘고 먹음직스러운 탕평채였다.

"이 음식처럼 모든 당파가 싸우지 않고 정치에 골고루 참여할 수 있게 인재를 뽑겠소." 왕은 말했다. 이렇게 여러 당의 인재를 골고루 등용하여 붕당 간의 싸움을 없애고자 한 정책이 바로 탕평책(蕩平策)이다. 지혜로운 왕의 정책에도 오방색의 조화로움이 담겨 있다.

그림으로 보면 다음과 같다.

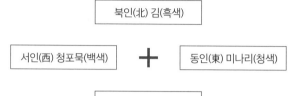

궁중요리뿐만 아니라 서민 음식으로 인기 있는 잔치국수에 올리는 고명에도 오행의 색이 존재한다. 국수의 흰색과 고명으로 사용하는 김 가루의 검은색, 당근의 빨간색, 계란 노른자의 노란색, 호박의 파란색 등 다섯 가지가 그것이다. 한국의 음식은 오방색을 통해서 균형을 맞추려고 한다.

이렇게 오방색은 역사가 매우 오래됐고 다양한 분야에 활용하는 특별한 색이다. 다음을 한번 보자.

오방색의 활용

색상	청(靑)	적(赤)	황(黃)	백(白)	흑(黑)
방향	동	남	중앙	서	북
동물	청룡(청룡)	주작(朱雀)		백호(白虎)	현무(玄武)
오행	목(木)	화(火)	토(土)	금(金)	수(水)
건강	간, 담(쓸개)	소장, 심장	비장, 위장	대장, 폐	신장, 방광, 자궁
오상(五常)	인(仁)	예(禮)	신(信)	의(義)	지(智)

궁중 요리 (탕평채)	미나리	붉은 고기	계란 노른자	청포묵	김
전통 음식 (잔치국수)	오이	당근	계란 노른자	국수	김
성격 장점	자유	열정	끈기	원칙	생각
	배려	모험	관계	단계	창조
	성장	표현	포용	구조화	수리
	인정	행동	평화	기계	저장
	이타심	실천	적응	일 중심	상상
	명예	다양	융통성	완벽	창의
성격 단점	계획성 부족	산만	거짓	집착	두려움
	치밀성 부족	즉흥	포장	고집	걱정
	구속 거부	흥분	산만	자기주장	근심
	힘 거부	분열	비밀	흑백 논리	불안
	방만	성급	복잡	융통성 부족	거짓

또한 동양에서는 계절과 시간에도 색을 배분했다. 목(木)은 청색, 화(火)는 적색, 토(土)는 황색, 금(金)은 백색, 수(水)는 흑색, 그리고 계절은 목은 봄, 화는 여름, 토는 환절기, 금은 가을, 수는 겨울로 구분한다. 그러므로 봄은 청색, 여름은 적색, 가을은 백색, 겨울은 흑색, 환절기는 황색으로 본다.

오행의
시간

하루의 시간도 색과 연결할 수 있다. 아

침에는 오행의 목을 배치하고 목은 파란색을 상징한다. 점심에는 오행의 화를 배치하고 화는 빨간색을 상징한다. 저녁에는 오행의 금을 배치하고 금은 흰색을 상장한다. 밤에는 오행의 수를 배치하고 수는 검은색을 상징한다.

하루의 시간을 구체적으로 분석해보면, 밤 9시부터 11까지는 해(亥)시, 11시부터 1시까지는 자(子)시다. 1시부터 3시까지는 축(丑)시요, 밤 9시부터 새벽 3시까지는 수(水)로 검은색을 상징한다. 새벽 3시부터 5시까지는 인(寅)시이며 5시부터 7시까지는 묘(卯)시다. 7시부터 9시까지는 진(辰)시이며 새벽 3시부터 아침 9시까지는 목(木)으로 파란색을 상징한다.

아침 9시부터 11시까지는 사(巳)시, 11시부터 1시까지는 오(午)시이며 1시부터 3시까지는 미(未)시다. 아침 9시부터 낮 3시까지는 화(火)로 빨간색을 상징한다. 낮 3시부터 5시까지는 신(申)시다. 5시부터 7시까지는 유(酉)시이며 7시부터 9시까지는 술(戌)시다. 낮 3시부터 밤 9시까지는 금(金)으로 흰색을 상징한다.

그런데 왜 하필 숫자 '오'일까? 동양에서 5라는 숫자는 아주 특별하다. 우주의 이치가 담겨 있고 천지조화의 상징인 신비로운 숫자이다. 그래서 오행(五行)으로 우주의 이치를 파악하고 천지조화의 상징을 파악한다. 또 동양인은 5를 완전수(完全數)로 본다. 인간이 지켜야 할 덕목 중에 삼강오륜(三綱五倫)이 있듯이 5란 숫자는 특별하게 사용되고 있다.

	목(木)	화(火)	토(土)	금(金)	수(水)
계절	봄	여름	환절기	가을	겨울
하루	아침	낮	새(사이)	저녁	밤
색상	청색 계통	적색 계통	황색 계통	백색 계통	흑색 계통
맛	신맛	쓴맛	단맛	매운맛	짠맛
숫자	3, 8	2, 7	5, 10	4, 9	1, 6
오음 (五音)	ㄱ, ㅋ	ㄴ, ㄷ, ㅌ, ㄹ	ㅇ, ㅎ	ㅅ, ㅈ, ㅊ	ㅁ, ㅂ, ㅍ
온도	따뜻함	뜨거움	변화함	서늘함	차가움

오행은 동양학의 기본이기도 하다. 서양에서 빨주노초파남보 7색을 즐겨 사용하지만, 동양에서는 청적황백흑(靑赤黃白黑)의 5색을 기본으로 사용한다. 동서남북에 중앙을 더해서 오방(五方), 음악에서도 궁상각치우(宮商角緻羽)의 5음계를 사용한다.

이외에도 발음 기관의 오성(五聲), 다섯 가지 맛인 오미(五味), 복의 종류인 오복(五福), 벼슬 등급인 오의(五儀), 신체 장기인 오장(五臟), 방향인 오방(五方), 정신적 상징인 오상(五常) 등이 있다.

이와는 반대로 금기시하는 숫자도 있다. 우리나라에서는 예로부터 넉 사(四)자를 죽음을 상징하는 죽을 사(死)자와 연관 지었다. 동양에서는 죽을 사(死)자에 대한 두려움이 매우 크다. 죽음에 대한 두려움이야 동양과 서양이 마찬가지겠지만 4라는 숫자를 죽을 사(死)와 연관해 금지 숫자로 쓰는 경우는 한국만의 독특한 관습이다.

엘리베이터에는 4층을 없애고 대신 5층으로 표시하거나 4라는 숫자 대신 'F'로 표시한다. 병실 숫자에도 4를 사용하지 않는다. 그렇다고 4를 죽을 사(死)와 연관해서 무조건 꺼린 것은 아니다.

우리가 편안하게 쓰고 있는 사주팔자(四柱八字)라는 말이 있다. 사람의 운명을 판단하는 태어난 연(年), 월(月), 일(日), 시(時)의 네 기둥으로 전부 여덟 글자가 사주팔자이다. '4'는 이외에도 널리 쓰인다.

사방으로 툭 터져 아무 장애가 없다는 의미의 사통팔달(四通八達), 온 세상 사람들이 모두 한 형제라는 의미의 사해동포(四海同胞), 사람의 체질을 넷으로 나누어서 진단하는 이제마(李齊馬)의 사상의학(四象醫學), 종이·붓·묵·벼루의 지필묵연(紙筆墨硯)을 상징하는 문방사우(文房四友), 계절을 나타내는 춘하추동(春夏秋冬)의 사계절(四季節), 방향을 나타내는 동서남북(東西南北)의 사방위(四方位) 또는 사람의 밑바탕이 되는 네 가지 덕목(德目)인 측은지심·수오지심·사양지심·시비지심을 가리키는 사단(四端), 유학(儒學)의 네 가지 덕목인 인(仁)·의(義)·예(禮)·지(智)를 살펴보면 4를 다양한 의미로 두루 쓰고 있음을 알 수 있다.

영화 속
오행

2014년 개봉한 SF 영화 〈다이버전트〉는 세계가 멸망한 이후를 배경으로 한 시리즈물이다. 그런데 혹시 아는가, 이 영화에 동양의 오행 사상이 놀랍도록 구체적으로 담겨 있다는 것을?

영화에서 전쟁과 자연재해로 파괴된 세상에 사는 사람들이 등장한다. 이들은 평화를 위해서 사회를 다섯 분파로 나눈다. 시민들은 개개인의 성향에 따라서 이 중 하나의 분파로 배정된다. 성인이 될 때 테스트를 거쳐 자신이 속할 분파를 정한 뒤 평생을 그 역할에 따라 살아간다.

만일 다섯 개의 분파에 적합하지 않은 성향의 사람이 있다면 그는 '무분파자'로 분류되어 어디에도 속하지 못한 채, 하류 인생을 살아간다. 문제는 '다이버전트'라 불리는 사람들이다. 사전적 의미는 '분기하는', '일탈한'의 뜻으로 이들은 기존의 분파 체계를 무너뜨릴 가능성이 있는 위험인물로 취급받는다. 이러한 흥미진진한 설정은 이 영화의 핵심이다.

그런데 영화에 등장하는 이 다섯 분파는 동양의 오행과 매우 유사하다. 다섯 개의 분파를 오행의 성향에 맞게 분석하면 다음과 같다.

애브니게이션(Abnegation) – 오행의 목(木)

이타적이고 헌신적 성향이 강한 사람들이 속하는 분파. 정치, 행정 분야에 종사하고 다른 분파에서는 이들을 나무토막(stiffs)이라고 부른다.

• 성격: 이타심, 성장, 인간미, 배려, 자유

- 직업: 정치, 행정, 교육, 사회복지, 상담

애미티(Amity) - 오행의 토(土)

다정하고 화목하며 친절하고 관계성이 뛰어난 성향의 사람들이 속하는 분파. 주로 농사에 종사한다.

- 성격: 평화, 관계, 다정, 화목, 소통
- 직업: 농업, 건축, 건설, 부동산, 무역

캔더(Cander) - 오행의 금(金)

정직하고 질서를 추구하는 성향의 사람들이 속하는 분파. 캔더 사람은 천성적으로 진실하고 정직하다. 사법계에 종사한다.

- 성격: 원칙, 계획, 완벽, 정직, 질서
- 직업: 법조, 군인, 경찰, 기계, 컴퓨터

돈트리스(Dauntless) - 오행의 화(火)

용감하고 대담하며 활동성이 큰 성향의 사람들이 속하는 분파. 군인, 경찰 등 치안 분야에 종사한다.

- 성격: 열정, 화통, 표현, 행동, 모험
- 직업: 강연, 경찰, 군인, 무용, 뮤지컬, 운동

에러다이트(Erudite) - 오행의 수(水)

학구적이고 논리적이며 지식을 추구하는 성향을 가지고 있는 사람들이 속하는 분파. 학술, 연구 분야에 종사한다.

- 성격: 총명, 논리, 추리, 연구, 지식
- 직업: 연구, 수리, 회계, 금융, 경제, 컴퓨터, 전산

어떤가? 오행으로 해석하니 너무도 자연스럽고 딱 들어맞지 않는가?

색채
명리학

모든 사람에게는 사주팔자가 있다. 저마다 타고난 사주팔자에는 필요한 오행이 있고 오행이 나타내는 색상과 방향을 실생활에 활용하면 흉한 일을 피하고 길한 운을 끌어들일 수 있다. 사주 명리학은 타고난 사주팔자의 단점을 보완하고, 운명을 개척하며 삶의 희망을 찾을 방법을 알아보고자 하는 학문이다.

사주 명리학 일반 이론에서는 사주팔자에 필요한 오행, 즉 용신(用神)을 찾기 위해 매우 복잡하고 어려운 과정을 거친다. 그러나 이 책에서 소개하는 대덕의 이론은 사주팔자 여덟 글자를 점수화해서 오행의 무존재, 고립, 발달, 과다, 태과다를 비교적 쉽게 분석한다. 이 방법으로 누구나 각자의 사주팔자에 가장 필요한 오행을 간단하게 찾을 수 있으며, 그 오행이 나타내는 색상과 방향도 알 수 있다.

색상과 방향이 중요한 이유는 이 두 가지가 우리의 운명을 긍정과 희망이 있는 삶으로 변화시키는 작용을 하기 때문이다. 먼저 오행의 색상은 의상과 인테리어, 차량 등에 다양하게 적용할 수 있다.

실내를 꾸밀 때, 방향은 중요한 요소를 차지한다. 대문이나 현관문의 방향, 방문의 방향, 책상이나 침대를 놓는 위치, 사무실의 위치 설정 등을 잘 살펴야 한다. 이 밖에 각각의 오행에 배속된 발음을 상호나 이름을 지을 때 활용할 수도 있다. 액세서리용 보석의 색깔을 선택할 때에도 오행의 원리를 잘 이용하면 건강에 도움이 된다.

여기서 사주 명리학의 복잡한 이론을 하나하나 설명하지는 않겠다. 다만 사주팔자를 뽑는 방법과 대덕 이론의 핵심인 오행의 무존재, 고립, 발달, 과다, 태과다를 분석하는 방법, 그리고 그 오행을 실생활에서 활용하는 방법을 중점적으로 설명하겠다. 사주 명리학 이론을 더 자세히 공부하고 싶다면 필자의 저서인《사주 명리학 시리즈》1~9권을 참고하기 바란다.

음양오행과 천간(天干), 지지(地支)

사주 명리학을 구성하는 중요한 개념에는 음양과 오행, 천간(天干)과 지지(地支)가 있다. 음양은 우주의 근본인 태극이 처음 분화하여 생겨났으며 땅과 하늘, 달과 태양,

여자와 남자, 밤과 낮, 겨울과 여름, 어둠과 밝음, 작은 것과 큰 것 등 모든 대립적인 만물과 형상을 상징한다. 오행은 음양의 변화를 한 단계 더 세분화한 것으로 우주 만물을 구성하는 다섯 가지 요소인 목(木), 화(火), 토(土), 금(金), 수(水)를 말한다. 각각의 오행은 고유의 성격과 속성을 지닌다. 또 서로 힘을 실어주는 상생 작용과 힘을 빼앗는 상극 작용을 한다. 여기서 말하는 상생과 상극은 오행 활용의 중요한 원리다.

오행

목(木): 나무가 상징하는 굵고 곧은 성질, 뻗어 나가려는 의지, 의욕, 성장, 명예

화(火): 불이 상징하는 타오르는 열정, 정열, 자신감

토(土): 흙이 상징하는 모든 것을 감싸 안는 포용과 중재, 안식, 고집, 끈기

금(金): 쇠가 상징하는 단단한 성질, 자신을 다스리는 의지, 절제

수(水): 물이 상징하는 생각, 지혜, 욕망, 본능

상생(相生)

오행의 다섯 가지 기운은 서로 힘을 실어준다.

목(木)은 화(火)를 생하고, 화(火)는 토(土)를 생한다, 토(土)는 금(金)을 생하고, 금(金)은 수(水)를 생하며, 수(水)는 목(木)을 생한다.

상극(相剋)

오행의 다섯 가지 기운은 서로 힘을 빼앗아 간다.

목(木)은 토(土)를 극하고, 토(土)는 수(水)를 극하고, 수(水)는 화
(火)를 극하고, 화(火)는 금(金)을 극하고, 금(金)은 목(木)을 극한다.

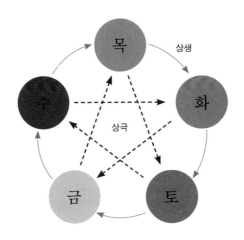

천간(天干)과 지지(地支)

천간은 모두 10개의 글자이며 갑(甲), 을(乙), 병(丙), 정(丁), 무
(戊), 기(己), 경(庚), 신(辛), 임(壬), 계(癸)이다. 지지(地支)는 모두 12
개의 글자이며 자(子), 축(丑), 인(寅), 묘(卯), 진(辰), 사(巳), 오(午),
미(未), 신(申), 유(酉), 술(戌), 해(亥)이다.

10개의 천간과 12개의 지지는 각각 음양과 오행에 배속된다.
특히 시공간의 원리가 함축된 12지지에는 각각 한 달씩 1년 열
두 달이, 그리고 각각 두 시간씩 하루 24시간이 배정된다. 10개

의 천간과 12개의 지지는 서로 결합하여 육십갑자를 만든다. 이때 양의 천간과 양의 지지, 음의 천간과 음의 지지가 만나기 때문에 120가지가 아닌 60가지 조합이 만들어진다.

천간의 음양오행

천간	甲	乙	丙	丁	戊	己	庚	辛	壬	癸
	갑	을	병	정	무	기	경	신	임	계
음양	양	음	양	음	양	음	양	음	양	음
오행	목(木)		화(火)		토(土)		금(金)		수(水)	

지지의 음양오행

지지	자	축	인	묘	진	사	오	미	신	유	술	해
	子	丑	寅	卯	辰	巳	午	未	申	酉	戌	亥
음양	양	음	양	음	양	음	양	음	양	음	양	음
오행	수(水)	토(土)	목(木)	목(木)	토(土)	화(火)	화(火)	토(土)	금(金)	금(金)	토(土)	수(水)
음력달	11월	12월	1월	2월	3월	4월	5월	6월	7월	8월	9월	10월
시간	23:30 ~ 01:30	01:30 ~ 03:30	03:30 ~ 05:30	05:30 ~ 07:30	07:30 ~ 09:30	09:30 ~ 11:30	11:30 ~ 13:30	13:30 ~ 15:30	15:30 ~ 17:30	17:30 ~ 19:30	19:30 ~ 21:30	21:30 ~ 23:30

천간 지지와 방위

천간 지지에는 방향이 있다. 각각의 방위를 북쪽에서 시작하여 시계 방향으로 정리하면 다음과 같다.

아래 그림을 참고하자.

자(子): 정북	오(午): 정남	무(戊): 중앙
계(癸): 북북북북동	정(丁): 남서	기(己): 중앙
축(丑): 북북북동	미(未): 남서서	
인(寅): 북북동	신(申): 남서서서	
갑(甲): 북동	경(庚): 남서서서서	
묘(卯): 정동	유(酉): 정서	
을(乙): 남동	신(辛): 북서	
진(辰): 남남동	술(戌): 북북서	
사(巳): 남남남동	해(亥): 북북북서	
병(丙): 남남남남동	임(壬): 북북북북서	

24방위 배치도

천간과 지지의
보석

다음은 천간과 지지에 상응하는 색과 그에 어울리는 보석들이다.

①천간(天干)의 보석

- 자(子) 검은색: 오닉스, 스피넬, 다이옵사이드(투휘석), 사파이어
- 축(丑) 흑갈색, 고동색: 스모키 쿼츠(연수정), 드라바이트, 칼세도니(옥수)
- 인(寅) 남색: 탄자나이트, 사파이어, 피터사이트
- 묘(卯) 파란색: 아마조나이트(천하석), 알렉산드라이트, 아쿠아마린(남옥), 혹스아이(응안석), 사파이어, 스피넬, 토파즈, 지르콘
- 진(辰) 터키 옥색: 터키석, 크리소콜라(규공작석), 아마조나이트
- 사(巳) 보라색: 아이올라이트(근청석), 자수정, 제이드(옥), 스피넬, 탄자나이트
- 오(午) 빨간색: 루비, 가닛, 스피넬, 알렉산드라이트, 루벨라이트(홍전기석)
- 미(未) 주황색: 오렌지 산호, 호박, 베릴, 시트린, 지르콘, 파이어 오팔(화단백석), 스페사르틴(망간 석류석), 가닛, 카넬리안(홍옥수)
- 신(申) 짙은 갈색: 연수정, 구리, 아게이트(마노), 재스퍼(벽옥), 마호가니 옵시디언, 타이거즈아이(호안석)
- 유(酉) 흰색: 지르콘, 고세나이트, 다이아몬드, 칼사이트, 문스톤, 사파이어, 토파즈
- 술(戌) 회갈색: 스모키 쿼츠, 드라바이트, 칼세도니
- 해(亥) 고동색: 호박, 시트린, 벽옥, 갈색 마노

②지지(地支)의 보석

- 갑(甲) 초록색: 크리소베릴(금록석), 다이아몬드, 옥, 말라카이트(공작석), 페리도트(감람석의 일종), 투르말린(전기석), 지르콘

- 을(乙) 연두색: 페리도트, 차보라이트, 바델라이트

- 병(丙) 빨간색: 베릴(녹주석), 커런덤(강옥), 산호, 다이아몬드, 가닛(석류석), 스피넬(첨정석), 토파즈(황옥), 투르말린, 지르콘, 루비

- 정(丁) 분홍색: 핑크 투르말린, 분홍 수정, 분홍 진주, 장미석, 산호, 핑크 사파이어

- 무(戊) 노란색: 토파즈, 황수정, 호박, 지르콘

- 기(己) 연노랑: 레몬 쿼츠, 드라바이트(갈전기석), 시트린(황수정), 사파이어

- 경(庚) 흰색: 지르콘, 고세나이트(무색 녹주석), 다이아몬드, 토파즈, 사파이어, 문스톤, 칼사이트

- 신(辛) 회색: 문스톤(월장석), 오팔(단백석), 헤미몰파이트(이극석)

- 임(壬) 검은색: 오닉스(흑마노), 흑진주, 전기석, 흑요석, 블랙 오팔, 블랙 사파이어

- 계(癸) 자주색: 자수정, 자주색 스피넬, 알만다이트 가닛

보석의 성향과
특색

보석들은 그 신비로운 색과 내구성으로 오래전부터 인류에게 귀한 대접을 받아왔다. 다음은 색상별 보석과 그것이 상징하는 내용들이다.

① 분홍색: 핑크 투르말린, 분홍 수정, 분홍 진주, 장미석, 산호, 분홍 사파이어
  - 정신적, 육체적 긴장을 풀어주는 보석
  - 사랑이 충만한 보석

② 빨간색: 루비, 가닛, 스피넬, 알렉산드라이트, 루벨라이트
  - 심장을 튼튼하게 해주는 보석
  - 심신을 건강하게 해주는 보석

③ 검은색: 오닉스, 스피넬, 다이옵사이트, 흑진주, 전기석, 흑요석, 블랙 오팔, 블랙 사파이어, 오닉스, 블랙 투르말린
  - 심신을 건강하게 해주는 보석
  - 심신을 안정시키는 보석

④ 노란색: 토파즈, 황수정, 호박석, 지르콘
  - 대화와 소통을 원활하게 해주는 보석

- 명랑하고 활기차게 해주는 보석

⑤ 보라색: 자수정, 알렉산드라이트, 컬러체인지 사파이어, 제
　이드, 스피넬, 탄자라이트, 아이올라이트
- 감수성을 확장시키는 보석
- 자신을 돌아보게 하는 보석

⑥ 녹색: 에메랄드, 다이옵사이트, 말라카이트
- 편안한 마음을 유지시키고 휴식을 준다.
- 스트레스를 완화시켜주고 감성을 차분하게 해준다.

⑦ 청색: 탄자나이트, 토파즈, 지르콘, 옥, 다이아몬드, 스피넬
- 지적이고 이상을 추구한다.
- 창의적이고 겸손하며 정신적 리더십이 있다.

⑧ 오렌지색: 문스톤, 피치베릴, 스피넬, 스포듀민
- 일에 있어서 활기와 열정을 제공한다.
- 생동감으로 주변을 변화시킨다.

⑨ 갈색: 아게이트, 재스퍼, 연수정, 타이거즈아이, 마호가니
　옵시디언
- 안전하고 편안함을 준다.

－공포와 스트레스를 막아주고 내적 안도감을 준다.

⑩ 흰색: 다이아몬드, 아게이트, 칼사이트, 문스톤, 사파이어,
　토파즈, 지르콘, 고세나이트
－차갑고 원칙적이며 구체적이다.
－기계적이고 완벽하다.

⑪ 연두색: 페리도트, 차보라이트, 바델라이트
－부드럽고 우아하며 따뜻하다.
－여성적이고 정신을 이완시키며 따뜻하고 여유가 있다.

⑫ 자주색: 자수정, 알만다이트 가닛, 자주색 스피넬
－관능적이고 예술적이다.
－감수성이 예민하고 감정이 솔직하다.

⑬ 회색: 오팔, 헤미몰파이트, 문스톤
－지적이고 과학과 수학 등에 호기심이 많다.
－나약하고 유약하며 생각이 많다.

⑭ 주황: 산호, 지르콘, 커런덤
－활발하고 활동적이며 명랑하다.
－대인 관계가 원만하고 소통을 잘한다.

사주
보는 법

    사주란 사람이 태어난 생년, 생월, 생일, 생시를 천간과 지지가 결합된 육십갑자로 나타낸 것을 말한다. 사주팔자(四柱八字) 또는 팔자(八字)라고도 부르며 이는 '네 개의 기둥'이란 뜻이다. 한자는 오랜 시간 동안 세로쓰기를 해왔는데, 사주의 생년월일시를 세로쓰기로 적은 모양이 마치 네 개의 기둥이 서 있는 형상과 같다고 해서 '사주'라고 불렀다.

    태어난 해는 연주, 태어난 달은 월주, 태어난 날은 일주, 태어난 시는 시주라고 하며, 오른쪽에서 왼쪽으로 쓴다. 연주의 천간은 연간, 연주의 지지는 연지라고 한다. 월주의 천간은 월간, 월주의 지지는 월지라고 한다. 일주의 천간은 일간, 일주의 지지는 일지라고 부른다. 마지막으로 시주의 천간은 시간, 지지는 시지라고 한다.

- 태어난 해의 육십갑자는 연주(年柱)
- 태어난 월의 육십갑자는 월주(月柱)
- 태어난 일의 육십갑자는 일주(日柱)
- 태어난 시의 육십갑자는 시주(時柱)

시주	일주	월주	연주
○	○	○	○
시간	일간	월간	연간
○	○	○	○
시지	일지	월지	연지

사주를 보기 위해서 가장 먼저 할 일이 사주를 세우는 것이다. 자신이 태어난 연월일시와 양력인지 음력인지를 확실히 알아야 한다. 그래야 사주팔자를 제대로 세울 수 있다.

사주팔자는 만세력을 통해, 또는 컴퓨터 프로그램, 인터넷에서도 쉽게 찾을 수 있다. 필자는 사주팔자의 오행을 점수화할 때 실제 기후를 중시하기 때문에 절기가 표시된 만세력을 중심으로 설명한다. 먼저 자신이 태어난 연도를 만세력에서 찾는다. 예를 들어서 1970년생이 태어난 해는 경술(庚戌)년이고 자연히 연주도 경술이다.

1970년생

시	일	월	연
○	○	○	庚(경)
○	○	○	戌(술)

연주(年柱)를 찾을 때 주의할 점은 연주가 바뀌는 기준, 다시 말하면 한 해가 새롭게 시작되는 기준을 따져야 한다는 점이다. 많은 사람이 양력이나 음력 1월 1일을 해가 바뀌는 기준이라고 생각하는데 사주에서 해가 바뀌는 기준은 양력으로 입춘이 들어오는 때다. 입춘이 들어오는 시간부터 한 해가 시작되는 것이다. 그래서 음력 1월 1일이 되어도 입춘이 지나지 않으면 전년도의 연주를 쓴다.

참고로 입춘은 24절기 가운데 하나다. 천구상에서 태양이 움직이는 길을 황도라고 하는데 선조들이 황도의 춘분점을 기점으로 15도 간격으로 점을 찍어서 총 24개의 절기를 만들었다. 12절기와 12중기로 되어 있어 절기와 중기가 번갈아 오는데, 1년 12달을 나타낼 때에는 12절기인 입춘, 경칩, 청명, 입하, 망종, 소서, 입추, 백로, 한로, 입동, 대설, 소한을 활용한다. 태양의 움직임을 기준으로 만들었기 때문에 해마다 돌아오는 절기는 날짜가 하루 이틀 정도 차이가 있을 뿐 거의 일정하다.

월주(月柱)는 사주의 주인공이 태어난 달의 천간 지지를 말하고, 일주(日柱)는 태어난 날의 천간 지지를 말한다. 월주는 연주와 마찬가지로 양력 1일이나 음력 1일을 기준으로 하지 않고 12절기의 절입일을 기준으로 한다. 예를 들어서 새해가 시작되는 입춘부터 한 달 후인 경칩 사이는 인(寅)월이 되고, 경칩부터 청명 사이는 묘(卯)월이 된다. 일주가 절기상 어디에 속하는가를 보기 때문에 일주를 알아야 월주를 볼 수 있다.

앞서 예로 든 1970년에 태어난 사람의 연주가 경술이었다. 이 사람이 만약 음력 6월 9일에 태어났을 경우, 만세력에서 음력 6월 9일(양력으로는 7월 12일)을 찾으면 일진에 계사(癸巳)가 적혀 있다. 따라서 이 사람의 일주는 계사(癸巳)이다.

1970년(음)6월9일

시	일	월	연
○	癸(계)	○	庚(경)
○	巳(사)	○	戌(술)

한편 절기 중 소서가 양력으로는 7월 7일, 음력으로는 6월 4일 22시 11분에 시작된다. 음력 6월 9일은 소서에 속하고 이 사람의 연월은 계미(癸未)월이다

1970년(음)6월9일

시	일	월	연
○	癸(계)	癸(계)	庚(경)
○	巳(사)	未(미)	戌(술)

마지막으로 시주(時柱)를 찾으면 사주가 완성된다. 시주는 사

주의 주인공이 태어난 시간을 천간과 지지로 나타낸 것이다. 여기서 시간은 일간에 따라 정해지고, 시지는 12지지의 순서대로 2시간씩 배분된다. 아래의 생시 조견표를 사용하면 시주를 쉽게 찾을 수 있다. 예를 들어서 일간이 갑(甲)이나 기(己)이면 갑자(甲子)시, 을(乙)이나 경(庚)이면 병자(丙子)시로 시작한다.

만약 낮 12시에 태어났다면 1970년(음) 11월 9일 낮 12시 00분 계사(癸巳)일에 태어났으므로 아래 생시 조견표의 무계(戊癸) 일간에서 낮 12시와 만나는 지점에 무오(戊午)가 있으니 무오시가 된다. 그러니 이 사람의 사주를 정리하면 다음과 같다.

1970년(음)6월9일

시	일	월	연
戊(무)	癸(계)	癸(계)	庚(경)
午(오)	巳(사)	未(미)	戌(술)

생시 조견표

일간 시간	甲(갑) 己(기)	乙(을) 庚(경)	丙(병) 辛(신)	丁(정) 壬(임)	戊(무) 癸(계)
23:30—01:30	甲子(갑자)	丙子(병자)	戊子(무자)	庚子(경자)	壬子(임자)
01:30—03:30	乙丑(을축)	丁丑(정축)	己丑(기축)	辛丑(신축)	癸丑(계축)
03:30—05:30	丙寅(병인)	戊寅(무인)	庚寅(경인)	壬寅(임인)	甲寅(갑인)
05:30—07:30	丁卯(정묘)	己卯(기묘)	辛卯(신묘)	癸卯(계묘)	乙卯(을묘)
07:30—09:30	戊辰(무진)	庚辰(경진)	壬辰(임진)	甲辰(갑진)	丙辰(병진)
09:30—11:30	己巳(기사)	辛巳(신사)	癸巳(계사)	乙巳(을사)	丁巳(정사)
11:30—13:30	庚午(경오)	壬午(임오)	甲午(갑오)	丙午(병오)	戊午(무오)

13:30—15:30	辛未(신미)	癸未(계미)	乙未(을미)	丁未(정미)	己未(기미)
15:30—17:30	壬申(임신)	甲申(갑신)	丙申(병신)	戊申(무신)	庚申(경신)
17:30—19:30	癸酉(계유)	乙酉(을유)	丁酉(정유)	己酉(기유)	辛酉(신유)
19:30—21:30	甲戌(갑술)	丙戌(병술)	戊戌(무술)	庚戌(경술)	壬戌(임술)
21:30—23:30	乙亥(을해)	丁亥(정해)	己亥(기해)	辛亥(신해)	癸亥(계해)

시주를 찾을 때
고려할 점 두 가지

시주를 찾을 때 고려할 점이 두 가지가 있다. 그중 하나는 표준시이다.

표준시는 우리가 사용하는 시계시를 생각하면 된다. 문제는 태어난 지역에 따라 시차가 생긴다는 점이다. 지구가 한 바퀴 자전하는 데 24시간이 걸린다. 하루 24시간 동안 360도를 회전하기 때문에 결국 1시간에 15도씩, 즉 4분에 1도씩 회전하는 셈이다. 현재 세계 모든 나라는 영국 그리니치 천문대를 지나는 경도 0도의 본초 자오선을 기준으로 편의상 동서로 각각 15도씩 나누어서 표준시를 정하고 있다.

원래 한국의 표준시 기준은 국토 중앙에 해당하는 동경 127도 30분이다. 그런데 표준시를 정하는 국제협약 때문에 동경 127도 30분 대신에 일본 오사카 근처 아카시 천문대가 있는 동경 135도를 표준시로 사용하고 있다. 따라서 이들 사이에는 30분의 오차가 생긴다. 예를 들어서 한국에서 시계가 낮 12시를 가리킬 때 자연시는 그보다 30분 느린 11시 30분이다. 위의 생시 조건표는 동경 135도 표준시 기준이다. 30분의 시간 차이가 보정되어 있으므로 한국에서 태어난 사람은 그대로 사용하면 된다.

한국이 처음부터 일본의 표준시를 사용한 것은 아니다. 북경의 표준시에 해당하는 동경 120도를 사용하기도 했고, 127도 30분을 사용하기도 했다. 그 내용을 다음과 같이 정리했다.

한국 표준시의 변화

기준 경선	기간
동경 127도 30분(한국시)	• 1908년 4월 29일 수요일 18시 30분을 18시로 조정(1912년 1월 1일 월요일까지 사용)
동경 135도 00분(일본시)	• 1912년 1월 1일 월요일 11시 30분을 12시로 조정(1954년 3월 21일까지 사용)
동경 127도 30분(한국시)	• 1954년 3월 21일 일요일 00시 30분을 00시로 조정(1961년 8월 9일 수요일 24시까지 사용)
동경 135도 00분(일본시)	• 1961년 8월 10일 목요일 00시를 00시 30분으로 조정(현재까지 사용)

한편 동경 135도는 서울을 지나는 동경 127도보다 약 32분 빠르며, 한국에서도 서울과 부산처럼 경도가 다른 지역에서는 시차가 발생한다. 따라서 태어난 지역의 정확한 시간을 알기 위해서는 다음과 같이 계산한다.

먼저 동경 135도 표준시를 사용한 해는 동경 135도와의 경도 차이와 시간 차이를 계산하여 당시의 동경 135도 표준시에서 빼준다. 그리고 동경 127도 30분 표준시를 사용한 해에는 동경 127도 30분과의 경도 차이와 시간 차이를 구하여 동경 127도 30분보다 서쪽이면 당시의 동경 127도 30분 표준시에서 빼주고, 동경 127도 30분보다 동쪽이면 더해준다.

각 지역의 경도별 표준시의 오차
(시간의 차이는 각 경도의 표준시에서 그 지역의 실제 시간을 뺀 것)

지방	경도	동경 127도 30분 기준	동경 135도 00분 기준
서울	126도 58분 46초	02분 05초(+)	32분 05초(+)
부산	129도 02분 53초	06분 12초(—)	23분 48초(+)
대구	128도 37분 05초	04분 28초(—)	25분 32초(+)
인천	126도 37분 07초	03분 32초(+)	33분 32초(+)
광주	126도 55분 39초	02분 17초(+)	32분 17초(+)
대전	127도 25분 23초	00분 19초(+)	30분 19초(+)
청주	127도 29분 00초	03분 03초(+)	30분 03초(+)
전주	127도 08분 55초	01분 24초(+)	31분 24초(+)
춘천	127도 44분 02초	00분 56초(—)	29분 04초(+)
강릉	128도 54분 11초	05분 37초(—)	24분 23초(+)
포항	129도 21분 42초	07분 27초(—)	22분 33초(+)
경주	129도 13분 18초	06분 53초(—)	23분 07초(+)
목포	126도 23분 27초	04분 26초(+)	34분 26초(+)
제주	126도 31분 56초	03분 52초(+)	33분 52초(+)

두 번째는 서머타임(summer time)이다. 원래 이 제도는 서양에

서 여름 긴 낮의 시간을 좀 더 효율적으로 이용하기 위해 시간을 한 시간 앞당기는 제도로 '일광 절약 시간'이라고도 한다. 한때 한국에서도 일시적으로 도입한 적이 있다. 1948년부터 시행했다가 1961년에 폐지되었는데 올림픽을 앞두고 1987년부터 1988년까지 잠깐 시행된 적이 있다. 따라서 이 시기에 태어난 사람은 사주팔자의 시지를 세울 때 표준시의 차이뿐만 아니라 서머타임으로 인한 차이까지 고려해야 한다. 한국은 해마다 서머타임 적용 기간이 달랐는데 국립천문대에 아래의 자료만 남아 있다.

서머타임이 적용됐던 기간

년도	기간
1948년	5월 31일 자정~9월 22일 자정
1949년	4월 3일 자정~9월 30일 자정
1950년	4월 1일 자정~9월 10일 가정
1955년	5월 5일부터(?)
1956년	5월 20일 자정~9월 29일 자정
1959년	5월 3일 자정~9월 19일 자정
1961년	서머타임 폐지
1987년	5월 10일 02시~10월 11일 03시
1988년	5월 8일 02시~10월 9일 03시

오행 점수
분석법

필자는 어렵고 복잡한 이론을 현대에 맞게 쉽게 풀어내고자 노력해왔다. 사주 명리학을 성격, 직업 적성, 기질, 직무 역량, 심리 분석, 풍수 인테리어 등 다양한 분야에 적용하고자 했고 그 노력의 결과가 바로 대덕 이론이다. 지금 여러분이 읽는 내용도 바로 여기에 근거하고 있음을 알린다.

지금까지 설명한 내용을 잘 이해했다면 만세력을 활용해서 사주팔자를 뽑을 수 있다. 이제부터는 팔자 여덟 글자의 오행 점수를 분석하는 방법을 다룬다. 각 글자의 오행과 점수를 알면 무존재, 고립, 발달, 과다, 태과다를 파악해서 사주에 필요한 오행을 찾을 수 있다.

대덕 이론의 핵심 중의 핵심이 사주팔자를 체계적으로 점수화하여 무존재, 고립, 발달, 과다, 태과다를 분석하는 것이다. 이를 건강, 성격, 학업 적성, 직업 적성, 직무 역량, 배우자의 관계, 부모와의 관계, 의상 코디, 인테리어 등 다양한 영역에 적용할 수 있다. 사주팔자 점수는 필자의 책 《사주 명리학 완전정복》에 자세히 설명되어 있으니 여기서는 간단히 기술하기로 한다.

우선 천간과 지지의 점수 배분은 다음을 따른다. 천간은 연, 월, 일, 시에 각각 10점씩 배분한다. 이렇게 간단한 이유는 계절의 영향을 받지 않고 오행의 변화가 없기 때문이다. 지지의 경우는 좀 더 복잡하다. 계절이 각각 다르고, 하루에도 시간에 따라 태양과 달의 기운이 달라지기 때문에 다음과 같이 점수를 배분한다.

연지는 10점, 일지와 시지는 15점, 월지는 30점을 준다. 월지에 가장 큰 점수를 주는 이유는 기운 변화가 가장 크고 오행의 특징이 잘 나타나기 때문이다. 때문에 사주팔자를 점수로 분석할 때 가장 큰 영향을 미친다.

사주팔자의 월지(月支) 분석법

사주팔자의 점수를 뽑기 위해서는 월시와 시지의 분석이 선행돼야 한다. 월지 분석을 위해서는 월지가 절기, 즉 계절을 중심으로 분석된다는 것을 점을 명심하자.

인월(寅月) 양력 2월 초~양력 4월 초: 봄의 기운이 강하다.

묘월(卯月) 양력 3월 초~양력 4월 초: 봄의 기운이 강하다.

진월(辰月) 양력 4월 초~양력 5월 초: 봄의 기운이 강하다. 기후의 변화가 크다.

사월(巳月) 양력 5월 초~양력 6월 초: 여름의 시작이다. 아직은 기후가 높지 않다.

오월(午月) 양력 6월 초~양력 7월 초: 여름이다. 기후가 높아지기 시작한다.

미월(未月) 양력 7월 초~양력 8월 초: 여름이다. 기후가 매우 높다.

신월(申月) 양력 8월 초~양력 9월 초: 가을의 시작이다. 여전히 무덥다. 장마와 태풍, 무더위가 섞여 있다.

유월(酉月) 양력 9월 초~양력 10월 초: 가을이다. 가을의 기후가 가득하다.

술월(戌月) 양력 10월 초~양력 11월 초: 가을이다. 가을의 기후가 가득하다.

해월(亥月) 양력 11월 초~양력 12월 초: 겨울의 시작이다. 아직은 덜 춥다.

자월(子月) 양력 12월 초~양력 1월 초: 겨울이다. 매우 춥다.

축월(丑月) 양력 1월 초~양력 2월 초: 겨울이다. 매우 춥다.

월지의 점수 분석

계절의 기온에 따라 월지의 점수 분석이 달라진다.

월	개수	점수	
인월(寅月)	목 1개	수 30점	-추위 속에 봄의 기운이 아주 미세함
묘월(卯月)	목 1개	목 30점	-봄의 기운이 완연함
진월(辰月)	토 1개	목 15점 토 15점	-봄의 기운이 완연함
사월(巳月)	화 1개	화 30점	-무덥지는 않은 화
오월(午月)	화 1개	화 30점	-더운 화
미월(未月)	토 1개	화 30점	-더운 화

신월(申月) 금 1개 화 30점   -더위와 장마, 태풍의 화

유월(酉月) 금 1개 금 30점   -가을 기운이 완연함

술월(戌月) 토 1개 금 15점 토 15점 -가을 기운이 완연함

해월(亥月) 수 1개 수 30점   -혹한의 추위는 아닌 수

자월(子月) 수 1개 수 30점   -추운 수

축월(丑月) 토 1개 수 30점   -추운 수

사주팔자의 시지(時支) 분석법

1) 寅(인)시

亥子丑寅(해자축인)월 → 寅(인)시는 목 1개 수 15점

나머지 월 → 寅(인)시는 목 1개 목 15점

2) 卯(묘)시

목 1개 목 15점

3) 辰(진)시

卯辰(묘진)월 → 辰(진)시는 토 1개 목 15점

나머지 월 → 辰(진)시는 토 1개 토 15점

4) 巳(사)시

화 1개 화 15점

5) 午(오)시

화 1개 화 15점

6) 未(미)시

巳午未申(사오미신)월 → 未(미)시는 토 1개 화 15점

나머지 월 → 未(미)시는 토 1개 토 15점

7) 申(신)시

巳午未申(사오미신)월 → 申(신)시는 금 1개 화 15점

나머지 월 → 申(신)시는 금 1개 금 15점

8) 酉(유)시

금 1개 금 15점

9) 戌(술)시

酉戌(유술)월 → 戌(술)시는 토 1개 금 15점

나머지 월 → 戌(술)시는 토 1개 토 15점

10) 亥(해)시

수 1개 수 15점

11) 子(자)시

수 1개 수 15점

12) 丑(축)시
토 1개 수 15점

무존재, 고립, 발달, 과다, 태과다

대덕의 이론 중 점수 이론은 사주팔자 여덟 글자를 110점으로 분류한다. 점수 분석 방법은 위에서 배웠다. 대덕의 이론은 점수 이론과 더불어 무존재, 고립, 발달, 과다, 태과다의 이론이 있다. 좀 더 자세하게 알아보자.

먼저 무존재는 비교적 정확하게 나타난다. 나머지 고립, 발달, 과다, 태과다는 사주 상황에 따라 약간의 변동이 있을 수 있다. 사람에 따라, 직업에 따라, 오행에 따라, 신살에 따라 각자 영향을 주는 정도가 다를 수 있다.

태과다를 예로 들면 신부님이나 수녀님처럼 자기 수양이 철저하고 기도로 사는 사람은 태과다의 영향이 미미하고 공무원이나 가정주부는 종교인에 비하면 영향이 크다. 하지만 과다는 영향이 없고 태과다 점수의 영향은 있다. 사업가나 자영업자와 같이 자신의 삶을 독자적으로 이끌고 가는 사람은 태과다의 영향이 강하다. 그러므로 태과다의 점수가 상황에 따라 변화 가능성이 있음을 명심해야 염두에 두어야 한다.

태과다: 점수 분석에서 80점 이상

과다: 점수 분석에서 50점에서 80점까지

발달: 점수 분석에서 30점에서 50점까지

무존재: 점수 분석에서 0점일 때

고립: 주변 상황에 따라 달리 분석된다.

이를 표로 정리하면 다음과 같다.

[표 1]

점수	0점	30~50점	50~80점	80점 이상
사주팔자	무존재	발달	과다	태과다

이 기준에 따르면 80점은 과다일 수도, 태과다일 수도 있다. 50점 역시 발달일 수도, 과다일 수도 있다. 고립은 점수로 분석하기보다 자신의 주변 오행과 점수의 영향에 따라서 복합적으로 나타난다. 예를 들어보겠다.

어떤 사람이 어디에 속하는지 알아보려면 먼저 태어난 일시에 따라 사주를 세우고 다음에 따라 점수를 배분해야 한다.

[표 2]

	시	일	월	연
천간	10점	10점	10점	10점
지지	15점	15점	30점	10점

각 천간과 지지에 대응하는 오행은 다음과 같으므로,

[표 3]

오행	목(木)	화(火)	토(土)	금(金)	수(水)
천간	甲乙(갑을)	丙丁(병정)	戊己(무기)	庚辛(경신)	壬癸(임계)
지지	寅卯(인묘)	巳午(사오)	辰戌丑未(진술축미)	申酉(신유)	亥子(해자)

월지(30점)와 일지(15점)의 오행 점수는 다음과 같다.

[표 4]

월지	자(子)	축(丑)	인(寅)	묘(卯)	진(辰)	사(巳)	오(午)	미(未)	신(申)	유(酉)	술(戌)	해(亥)
오행	수(水) 30	수(水) 30	수(水) 30	목(木) 30	목(木)15 토(土)15	화(火) 30	화(火) 30	화(火) 30	화(火) 30	금(金) 30	토(土) 15 금(金) 15	수(水) 30

일지	자(子)	축(丑)	인(寅)	묘(卯)	진(辰)	사(巳)	오(午)	미(未)	신(申)	유(酉)	술(戌)	해(亥)
오행	수(水) 15	수(水) 15	목(木) 15	목(木) 15	목(木) 15	화(火) 15	화(火) 15	화(火) 15	금(金) 15	금(金) 15	금(金) 15	수(水) 15

실제 사례를 보겠다. 어떤 사람이 다음과 같은 사주를 갖고 있다고 가정하자. 태어난 때가 1992년 5월 21일(양력) 오(午)시이다.

	시	일	월	연
천간	丙(병)	丁(정)	乙(을)	壬(임)
지지	午(오)	酉(유)	巳(사)	申(신)

179

여기서 태양의 절기에 해당되는 월지지는 사(巳), 태어난 일천간은 정(丁)이다.

정(丁)은 분홍색(핑크색)을 상징한다. 즉, 이 사람은 보라색과 분홍색의 성격과 기질을 가지고 태어난 것이다.

이제 위의 [표 2]를 참조하여 각 천간과 지지에 점수를 배분하자.

	시	일	월	연
천간	丙(병)10	丁(정)10	乙(을)10	壬(임)10
지지	午(오)15	酉(유)15	巳(사)30	申(신)10

이렇게 총합이 110인 점수가 분포되었다. 이를 다시 [표 3]에 나오는 데로 오행과 대응시키고 [표 4]를 참고하여 점수를 배분하면 다음과 같다.

	시	일	월	연
천간	丙(병)⇨화(火)10	丁(정)⇨화(火)10	乙(을)⇨목(木)10	壬(임)⇨수(水)10
지지	午(오)⇨화(火)15	酉(유)⇨금(金)15	巳(사)⇨화(火)30	申(신)⇨금(金)10

정리하면 화(火)=10+10+15+30=65점, 수(水)=10점, 목(木)=10점, 금(金)=15+10=25점, 토(土)=0점이다.

이를 [표 1]에 의거해 '화(火)의 과다', '토(土)의 무존재'라는 결론을 얻는 것이다.

한편 '고립'의 경우는 어떤 오행을 다른 오행들이 둘러싸고 있을 때를 말한다. 예를 들어 다음과 같은 경우를 보자.

	시	일	월	연
천간	금(金)	금(金)	수(水)	수(水)
지지	목(木)	금(金)	화(火)	토(土)

여기서 목(木)이 금(金)으로 둘러싸여 '고립'된 형국이다.

육친(六親)의 분석

육친(六親)은 다른 말로 십신(十神), 십성(十星)이라고 부른다.

육친은 비겁(비견, 겁재), 식상(식신, 상관), 재성(편재, 정재), 관성(편관, 정관), 인성(편인, 정인)으로 구분된다. 일간과 같은 오행이 비겁이고 오행의 순서대로 식상, 재성, 관성, 인성으로 표시하면 된다.

오행
활용법

오행은 각자 고유한 성격과 직업 적성을 내포한다. 그뿐만 아니라 건강과 관련하여 인체의 부위도 담당한다.

①성격

목(木): 배려 지향, 인간 지향, 성장 지향, 교육 지향, 자유 지향

화(火): 열정 지향, 모험 지향, 행동 지향, 활동 지향, 표현 지향

토(土): 여유 지향, 평화 지향, 끈기 지향, 포용 지향, 관계 지향

금(金): 계획 지향, 완벽 지향, 구조 지향, 원칙 지향, 실천 지향

수(水): 생각 지향, 수리 지향, 창조 지향, 상상 지향, 정보 지향

②직업 적성

목(木): 교육, 상담, 복지, 정치, 사법

화(火): 예술, 교육, 체육, 경찰, 사법

토(土): 무역, 중개, 외교, 건설, 정치

금(金): 기계, 공학, IT, 경찰, 체육

수(水): 전산, 회계, 금융, 문학, 정치

③육체적 건강

목(木): 간, 담(쓸개), 성기, 뼈, 관절

화(火): 소장, 심장, 혈관 질환과 순환기 질환(고혈압, 중풍, 뇌출혈, 뇌일혈)

토(土): 위장, 비장, 비뇨기과, 산부인과

금(金): 대장, 폐, 뼈

수(水): 산부인과, 비뇨기과

④정신 건강

목(木): 행복 공포증, 이성 개조 성향, 평강공주 증후군

화(火): 정신 분열증, 애완동물 집착증(펫로스 증후군), 정서 산만, 화병, ADHD

토(土): 평화 집착증, 나태와 태만(게으름), 폭식증, 리플리 증후군, 과도한 고립

금(金): 자폐증, 게임 중독증, 사이코패스, 집착증, 완벽 증후군

수(水): 건강 염려증, 리플리 증후군, 음식 중독증(마약, 술, 담배), 소시오패스, 파랑새 증후군

오행의 방향과
색상

      색채 명리학은 자신에게 부족한 오행의 기운은 보강하고 반대로 과다한 오행의 기운은 자제시켜주는 용신 활용법을 풍수학과 색채 심리학의 관점에서 다루고자 한다. 풍수학의 방향과 색채 심리학의 색채 활용을 사주 명리학에 적용하려면 오행의 무존재, 고립, 발달, 과다, 태과다를 알아야 한다.

  무존재, 고립, 발달, 과다, 태과다가 바로 사주에 필요한 오행을 찾는 기준이기 때문이다. 오행 활용법을 간략하게 소개하면 무존재와 고립은 각각 그 오행에 힘을 실어주는 색상과 방향을 활용하고 과다와 태과다는 그 오행의 힘을 빼주는 색상과 방향을 활용해서 사주 주인공의 운명을 희망적으로 이끈다.

오행	방향	색상
목(木)	동쪽	청색
화(火)	남쪽	적색
토(土)	중앙	황색
금(金)	서쪽	백색
수(水)	북쪽	흑색

  방향을 활용할 때는 현관문이나 방문을 오행에 적합한 방향으로 내거나, 방 한가운데를 기준으로 침대나 책상을 오행에 적

합한 방향을 향해서 배치하면 좋다. 색상과 관련해서는 청색 계열의 대표적인 색은 파란색과 초록색이고 적색 계열의 대표적인 색은 빨간색과 분홍색이다. 황색 계열의 대표적인 색은 노란색과 주황색이고 백색 계열의 대표적인 색은 흰색과 아이보리, 흑색 계열의 대표적인 색은 검은색과 회색이다.

태과다와 과다일 때 좋은 오행 활용법

①목(木)이 태과다이거나 과다일 때

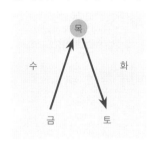

- 목(木)이 극하는 토(土) 활용

  (황색, 중앙)

- 목(木)을 극하는 금(金) 활용

  (백색, 서쪽)

②화(火)가 태과다이거나 과다일 때 좋은 오행 활용법

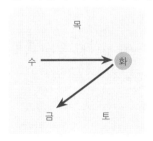

- 화(火)가 극하는 금(金) 활용

  (백색, 서쪽)

- 화(火)를 극하는 수(水) 활용

  (흑색, 북쪽)

③토(土)가 태과다이거나 과다일 때

- ①토(土)가 극하는 수(水) 활용

  (흑색, 북쪽)

- ②토(土)를 극하는 목(木) 활용

  (청색, 동쪽)

④금(金)이 태과다이거나 과다일 때

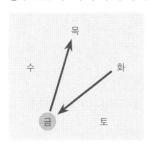

- ①금(金)이 극하는 목(木) 활용

  (청색, 동쪽)

- ②금(金)을 극하는 화(火) 활용

  (적색, 남쪽)

⑤수(水)가 태과다이거나 과다일 때

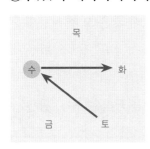

- ①수(水)가 극하는 화(火) 활용

  (적색, 남쪽)

- ②수(水)를 극하는 토(土) 활용

  (황색, 중앙)

고립일 때 좋은
오행 활용법

①목(木)이 고립일 때

- ①목(木) 고립과 같은 오행 목(木) 활용

  (청색, 동쪽)

- ②목(木)을 생하는 오행 수(水) 활용

  (흑색, 북쪽)

②화(火)가 고립일 때

- ①화(火) 고립과 같은 오행 화

  (火) 활용(적색, 남쪽)

- ②화(火) 고립을 생하는 오행 목

  (木) 활용(청색, 동쪽)

③토(土)가 고립일 때

- ①토(土) 고립과 같은 오행

  토(土) 활용(황색, 중앙)

- ②토(土) 고립을 생하는 오행

  화(火) 활용(적색, 남쪽)

④금(金)이 고립일 때

- ①금(金) 고립과 같은 오행

  금(金) 활용(흰색, 서쪽)

- ②금(金) 고립을 생하는 오행

  토(土) 활용(황색, 중앙)

⑤수(水)가 고립일 때

- ①수(水) 고립과 같은 오행

  수(水) 활용(흑색, 북쪽)

- ②수(水) 고립을 생하는 오행

  금(金) 활용(백색, 서쪽)

사례로 보는
사주 풀이

태과다

태과다는 점수로 살펴볼 때 80점 이상이다. 태과다 사주팔자를 분석해보면 태과다의 이해가 쉬워진다. 가수 조용필의 사주를 통해 접근해본다.

■ 1950년 3월 21일(양력) 인(寅)시 乾(건)

시	일	월	연
戊(무)	乙(을)	己(기)	庚(경)
寅(인)	卯(묘)	卯(묘)	寅(인)

위 사주를 오행의 개수와 점수로 분석해보면 다음과 같다.

오행 개수	목 5개	화 0개	토 2개	금 1개	수 0개
육친	비겁	식상	재성	관성	인성
점수	80	0	20	10	0

목(木) 비겁이 5개 점수로 80점이니 목(木) 오행이 태과다한 사주이다. 또 다른 사주를 예로 들어보자.

■ 1962년 6월 17일(음) 낮 12시 乾(건)

시	일	월	연
丙(병)	丁(정)	丁(정)	壬(임)
午(오)	巳(사)	未(미)	寅(인)

위 사주를 개수와 점수로 분석하면 다음과 같다.

오행 개수	목 1개	화 5개	토 1개	금 0개	수 1개
육친	인성	비겁	식상	재성	관성
점수	10	90	0	0	10

위 사주는 화(火) 비겁이 90점으로 화(火) 비겁이 태과다한 사주이다.

과다

과다는 점수 기준이 50~80점이다. 사례를 통해 과다의 사주팔자를 분석해보자.

■ 배우 1968년 11월 5일(음) 축(丑)시 坤(곤)

시	일	월	연
癸(계)	戊(무)	甲(갑)	戊(무)
丑(축)	辰(진)	子(자)	申(신)

오행 개수	목 1개	화 0개	토 4개	금 1개	수 2개
육친	관성	인성	비겁	식상	재성
점수	10	0	35	10	55

위 사주에 수(水) 재성이 2개 55점이므로 수(水) 재성이 과다한 사주이다. 자월의 축(丑)시는 수(水)를 15점으로 계산한다.

■ 송영길 국회의원 1963년 2월 26일 자(子)시 乾(건)

시	일	월	연
壬(임)	癸(계)	乙(을)	癸(계)
子(자)	亥(해)	卯(묘)	卯(묘)

오행 개수	목 3개	화 0개	토 0개	금 0개	수 5개
육친	식상	재성	관성	인성	비겁
점수	50	0	0	0	60

위 사주에 수(水) 비겁이 5개로 60점이므로 수(水) 비겁이 과다

한 사주이다. 목(木) 식상은 3개로 50점이므로 목(木) 식상은 발달
과 과다 모두에 속한다.

발달

발달은 점수 기준이 30~50점이다. 발달의 사주를 분석하면
다음과 같다.

■ **도종환 전 문화체육부장관 1954년 7월 27일(음) 자(子)시 乾(건)**

시	일	월	연
壬(임)	癸(계)	壬(임)	甲(갑)
子(자)	丑(축)	申(신)	午(오)

위 사주를 객수와 점수로 분석해 본다.

오행 개수	목 1개	화 1개	토 1개	금 1개	수 4개
육친	식상	재성	관성	인성	비겁
점수	10	40	15	0	45

위 사주는 화(火) 재성이 40점으로 발달했고 수(水) 비겁도 45
점으로 발달했다.

■ 야구 선수 박찬호 1973년 6월 29일(음) 신(申)시 乾(건)

시	일	월	연
甲(갑)	乙(을)	己(기)	癸(계)
申(신)	丑(축)	未(미)	丑(축)

오행 개수	목 2개	화 0개	토 4개	금 1개	수 4개
육친	비겁	식상	재성	관성	인성
점수	20	45	35	0	10

위 사주는 화(火) 식상이 45점으로 발달했고 토(土) 재성이 35점으로 발달했다. 미(未)월은 화(火) 30점, 여름의 신(申)시는 화(火) 15점으로 분석한다.

무존재

무존재는 점수 기준이 0점이다.

■ 방송인 유재석 1972년 8월 14일(양) 21시 10분 乾(건)

시	일	월	연
庚(경)	丁(정)	戊(무)	壬(임)
戌(술)	丑(축)	申(신)	子(자)

오행 개수	목 0개	화 1개	토 3개	금 2개	수 2개
육친	인성	비겁	식상	재성	관성
점수	0	40	40	10	20

위 사주는 목(木) 인성이 0점으로 목(木) 인성이 무존재한 사주이다.

■ 야구 선수 류현진 1987년 3월 25일(양) 18시 乾(건)

시	일	월	연
辛(신)	癸(계)	癸(계)	丁(정)
酉(유)	酉(유)	卯(묘)	卯(묘)

오행 개수	목 2개	화 1개	토 0개	금 3개	수 2개
육친	식상	재성	관성	인성	비겁
점수	40	10	0	40	20

위 사주는 토(土) 관성이 0점이라서 토(土) 관성이 무존재하다고 본다.

고립

고립은 무존재, 발달, 과다, 태과다에 비교하면 분석하기 어렵다. 무존재, 발달, 과다, 태과다는 점수가 없거나, 30~50점, 50~80점, 80점 이상으로 분류하면 되는데 고립은 사주팔자 여덟 글자를 하나하나 분석해야 한다.

① 고립이 아닌 오행
- 주변에 자신과 같은 오행이 하나라도 있다.

194

- 주변에 자신을 생(生)하는 오행이 하나라도 있다. 단, 생(生)하는 오행의 점수가 두 배가 넘으면 안 된다.

② 고립인 오행
- 주변에 자신이 생하는 오행만 있다.
- 주변에 자신이 극하는 오행만 있다.
- 주변에 자신을 극하는 오행만 있다.
- 주변에 자신을 생하거나 자신에게 극(尅)당하거나 극하는 오행만 있다.
- 주변에 자신이 생하는 오행의 점수가 두 배 이상 있다.

오늘부터
색을 바꾸자

사주팔자마다 활용하면 유익한 색상이 있다. 색상을 잘 활용한다면 운명을 바꿀 수 있다. 앞서 학습한 태과다, 과다, 발달, 고립, 무존재 이론에서 태과다, 과다, 고립, 무존재에 적합한 색상을 활용할 수 있다. 태과다와 과다는 극(剋)당하는 오행과 극(剋)하는 오행, 고립은 같은 오행과 생 받는 오행, 무존재는 같은 오행을 활용한다.

위 세 가지 방법으로 색상을 구하되, 태과다 ⇨ 고립 ⇨ 과다 ⇨ 무존재의 순서를 반드시 지켜야 한다.

나에게 필요한
오행

사주를 분석하면 나의 오행과 나에게

필요한 오행을 분석할 수 있다. 나의 오행을 찾으면 오행 속에 나타난 색상, 성격 특성, 직업 적성, 직무 역량, 대인 관계, 리더십도 분석할 수 있다. 또 나에게 필요한 오행을 알면 필요한 색상, 방향, 인테리어, 의상, 액세서리 그리고 단점을 보완할 방법을 찾을 수 있을 것이다.

색을 찾는 방법은 간단하다. 태과다, 과다, 발달, 일간의 순서대로 따라가면 나만의 색을 찾을 수 있다. 태과다가 있는 사람은 태과다의 오행이 자신의 색상에 해당되고 이는 곧 성격, 특성, 개성, 직업 적성이기도 하다. 태과다는 없고 과다가 있는 사람은 과다의 오행에 해당하는 색이 자신의 색이다. 또한 자신의 성격이고 특성이고 개성이고 자신의 직업 적성이다.

태과다와 과다가 없고 발달이 있는 사람은 발달 오행의 색상이 자신의 색에 해당되고 그다음은 일간의 오행이다. 오행의 색을 찾았다면 이제 단점을 보완할 색을 찾아야 한다.

무존재, 고립, 발달, 과다, 태과다를 활용해서 어울리는 색상을 활용하는 방법을 알아보자. 무존재와 고립은 사주팔자에 힘이 약한 것이고, 과다와 태과다는 이와 반대다. 사주팔자에 힘이 너무 강한 것이다. 약한 것은 도와주어야 하고 강한 것은 눌러줘야 한다.

제일 먼저 활용해야 할 것은 태과다와 고립 오행이다. 태과다와 고립 오행을 우선 활용하고 태과다와 고립 오행이 없으면 과다와 무존재 오행을 활용하면 된다. 태과다와 과다는 극하는 오행을 활용하고 고립과 무존재는 같은 오행이나 생하는 오행을 활용한다.

색상
코칭법

필자가 개발한 대덕 이론의 기본은 무존재, 고립, 발달, 과다, 태과다이다. 무존재와 고립은 도와주어야 하고 과다와 태과다는 억제해주어야 한다. 이 원칙을 바탕으로 각 사주팔자에 필요한 오행을 활용하고 좋은 방향을 분석해서 자신이 가지고 태어난, 신이 주신 달란트(재능)에 희망을 불어넣을 수 있다.

무존재는 무존재 오행의 방향을 활용한다. 고립은 고립 오행의 방향을 활용한다. 고립 오행을 생하는 오행의 방향을 활용한다. 과다는 과다 오행을 극하는 오행의 방향을 활용한다. 과다 오행을 극하는 오행을 생하는 오행의 방향을 활용한다. 태과다는 태과다 오행을 극하는 오행의 방향을 활용한다. 태과다 오행을 극하는 오행을 생하는 오행의 방향을 활용한다.

동양에는 목(木) 화(火) 토(土) 금(金) 수(水)의 오행(五行)이 있고 각 오행에는 색상, 방향, 건강, 직업 적성, 성격, 특성, 기질이 존재한다. 오행에는 유사 색상이 있는데 다음과 같다.

목(木) 파란색 계열

파란색, 남색, 초록색, 연두색, 보라색

갑목(甲木), 을목(乙木), 인목(寅木), 묘목(卯木), 진토(辰土), 사화(巳火)

화(火) 빨간색 계열

빨간색, 분홍색, 주황색, 보라색

병화(丙火), 정화(丁火), 사화(巳火), 오화(午火), 미토(未土), 신금(申金)

토(土) 노란색 계열

노란색, 주황색, 황토색, 연두색, 회갈색, 흑갈색

무토(戊土), 기토(己土), 진토(辰土), 술토(戌土), 축토(丑土), 미토(未土)

금(金) 흰색 계열

흰색, 은색, 회색, 회갈색, 분홍색

경금(庚金), 신금(辛金), 술토(戌土), 신금(申金), 해수(亥水)

수(水) 검은색 계열

검은색, 자주색, 남색, 흑갈색, 회색

임수(壬水), 계수(癸水), 인목(寅木), 축토(丑土), 해수(亥水)

나는
어떤 색일까?

　동양의 사주명리학과 서양의 점성학은 모두 절기를 사용한다. 24절기 중 동양의 명리학은 6일 전후의 절을, 서양의 점성학은 21일 전후의 기를 사용한다. 명리학에서는 월지(月支)로, 점성학에서는 태양으로 타고난 계절(월)이 중요한 역할을 한다. 즉 태양의 위치에 따라 봄 여름 가을 겨울의 계절이 달라지고 기온도 달라진다. 이 태양의 기울기에 따라 온도가 달라지면서 태어나는 사람들의 성격과 기질이 결정된다.

　만세력은 조선 후기에 만들어진 역법서로 태어난 절기와 시간에 따라 자신의 사주를 확인할 수 있게 만들어졌다. 다만 이를 찾아보고 해석하는 데는 전문적인 공부가 필요하다. 대신 여기서는 간단한 방법을 알려주고자 한다. 바로 앱을 활용하는 방법이다. 핸드폰에서 '만세력 앱'을 검색해서 설치하자. 자신의 생년

월일시를 입력하면 사주팔자 여덟 자가 나온다. 여기서 '사주'란 네 개의 기둥 즉, 내가 태어난 연, 월, 일, 시를 말하며 '팔자'란 여기에 대응하는 네 개의 천간과 네 개의 지지를 말한다. 그래서 보통 '팔자'는 다음과 같이 생성된다.

	연	월	일	시
천간	○	○	●	○
지지	○	●	○	○

이때 '월'에 해당되는 지지와 '일'에 해당되는 천간을 알면 당신의 색을 알 수 있다. 우선, 천간(天干)은 갑(甲) 을(乙) 병(丙) 정(丁) 무(戊) 기(己) 경(庚) 신(辛) 임(壬) 계(癸)의 10자로 구성되어 있으며 이들에 대응하는 색은 다음과 같다.

천간의 색

천간	갑(甲)	을(乙)	병(丙)	정(丁)	무(戊)	기(己)	경(庚)	신(辛)	임(壬)	계(癸)
색상	파란색	초록색	빨간색	분홍색	노란색	황토색	흰색	은색	검은색	자주색

지지(地支)는 자(子) 축(丑) 인(寅) 묘(卯) 진(辰) 사(巳) 오(午) 미(未) 신(申) 유(酉) 술(戌) 해(亥)의 12자로 구성되어 있다. 이들에 대응하는 색은 다음과 같다.

지지	자(子)	축(丑)	인(寅)	묘(卯)	진(辰)	사(巳)	오(午)	미(未)	신(申)	유(酉)	술(戌)	해(亥)
색상	검은색	흑갈색	흑남색	파란색	연두색	보라색	빨간색	황색	분홍색	흰색	회갈색	회색

이 월지(월지지)와 일간(일천간)의 색이 자신이 타고난 색인 것이다. 이를 바탕으로 태어난 달만 잘 계산하면 자신의 운에 가장 크게 작용하는 색을 알 수 있다. 태어난 절기는 매년 조금씩 다르지만 명리학에서 사용하는 절기는 매달 양력 6일 전후로 보면 된다. 점성학에서 사용되는 절기는 매달 양력 21일 전후이다. 다음을 참고하자.

지지	인(寅)	묘(卯)	진(辰)	사(巳)	오(午)	미(未)	신(申)
절기	입춘~경칩	경칩~청명	청명~입하	입하~망종	망종~소서	소서~입추	입추~백로
날짜	2월 6일 전후~3월 6일 전후	3월 6일 전후~4월 6일 전후	4월 6일 전후~5월 6일 전후	5월 6일 전후~6월 6일 전후	6월 6일 전후~7월 6일 전후	7월 6일 전후~8월 6일 전후	8월 6일 전후~9월 6일 전후
색상	검은 남색 짙은 남색	파란색	연두색	보라색	빨간색	주황색	분홍색

지지	유(酉)	술(戌)	해(亥)	자(子)	축(丑)
절기	백로~한로	한로~입동	입동~대설	대설~소서	소서~입춘
날짜	9월 6일 전후~10월 6일 전후	10월 6일 전후~11월 6일 전후	11월 6일 전후~12월 6일 전후	12월 6일 전후~1월 6일 전후	1월 6일 전후~2월 6일 전후
색상	흰색	회갈색	회색	검은색	흑갈색

이들은 다시 목화토금수(木火土金水) 오행(五行)에 대응한다.

오행	목(木)	화(火)	토(土)	금(金)	수(水)
천간	甲乙(갑을)	丙丁(병정)	戊己(무기)	庚辛(경신)	壬癸(임계)
지지	寅卯(인묘)	巳午(사오)	辰戌丑未(진술축미)	申酉(신유)	亥子(해자)
색상	파란색(청)	빨간색(적)	노란색(황)	하얀색(백)	검은색(흑)

사주에 맞는 색 찾기

그렇다면 나는 어떤 색일까? 예를 들어 살펴 보자. 앞서 공부한 오행 점수 분석법(172쪽 참조)으로 풀어보면 다음 사주의 특징은 화(火)와 수(水) 오행이 없다. 따라서 화(火) 오행의 색과 수(水) 오행의 색을 활용해야 한다. 이는 빨간색과 검은색이다.

시	일	월	연
戊(무)	乙(을)	己(기)	庚(경)
寅(인)	卯(묘)	卯(묘)	寅(인)

만약에 태과다, 과다, 무존재, 고립의 오행이 모두 있을 때는 어떻게 할 것인가? 너무 많은 색상을 활용해야 하는 것이 아닌가? 다양한 색상을 활용하기에는 복잡하고 어렵다. 따라서 우선순위를 알아두면 알기 쉽다.

1. 태과다가 있으면 태과다를 제일 먼저 활용한다.
2. 고립을 활용한다.
3. 과다를 활용한다.
4. 무존재를 활용한다.

태과다와 과다는 극당하는 오행과 극하는 오행을 활용한다. 고립과 무존재는 같은 오행과 생하는 오행을 활용한다. 또 다른 사주를 살펴보자.

시	일	월	연
乙(을)	癸(계)	甲(갑)	庚(경)
卯(묘)	酉(유)	申(신)	午(오)

위 사주는 목(木) 35점, 화(火) 40점, 토(土) 0점, 금(金) 25점, 수(水) 10점으로 태과다와 과다가 없다. 연천간 경금(庚金)은 고립이고 사주팔자에 토(土)가 없다. 그러므로 위의 사주는 경금(庚金) 흰색 계통과 토(土)의 황색 계통을 활용해야 한다. 유형별 사례를 보자.

무존재

■ 동계스포츠 봅슬레이 국가대표 1998년 1월 1일 양력 자(子)시
乾(건)

시	일	월	연
壬(임)	戊(무)	壬(임)	丁(정)
子(자)	申(신)	子(자)	丑(축)

화(火)-적	수(水)-흑	목(木)-청	금(金)-백	토(土)-황

위 사주는 목(木) 0개 0점, 화(火) 1개 10점, 토(土) 2개 20점, 금
(金) 1개 10점, 수(水) 4개 65점이다. 목이 0개 0점이니, 무존재인
목의 색상을 활용해야 한다. 목의 색상은 파란색이니 파란색을
활용해야 한다.

■ 야구 선수 이승엽 1976년 8월 18일 (윤달) 축(丑)시 乾(건)

시	일	월	연
己(기)	丙(병)	戊(무)	丙(병)
丑(축)	申(신)	戌(술)	辰(진)

화(火)-적	수(水)-흑	목(木)-청	금(金)-백	토(土)-황

위 사주는 목(木) 0개 0점, 화(火) 2개 20점, 토(土) 5개 60점, 금
(金) 1개 15점이다. 사주의 내용을 살펴보면 목과 수가 0개, 0점

으로 구성되어 있다. 목과 수의 색상을 활용하면 좋다. 목(木)의 색상이 파란색, 수의 색상이 검은색이니 인테리어는 검은색 계통으로 하고 의상과 코디를 파란색 계통으로 하면 운이 길하다. 이승엽의 팀 삼성의 상징색과 유니폼이 파란색인 것이 그에게 아주 큰 운을 준 셈이다.

■ 가수 태양 1988년 5월 18일(양) 오후 2시 乾(건)

시	일	월	연
乙(을)	癸(계)	丁(정)	戊(무)
未(미)	酉(유)	巳(사)	辰(진)

화(火)-적	수(水)-흑	목(木)-청	금(金)-백	토(土)-황

이 사주는 목(木) 0개 0점, 화(火) 2개 40점, 토(土) 2개 20점, 금(金) 3개 40점, 수(水) 1개 10점이다. 수가 고립이므로 수(水)의 색상을 활용하면 좋다. 수의 색상이 검은색이니 검은색으로 활용해야 한다. 인테리어 또한 검은색으로 활용하면 무난하다. 의상과 코디 역시 검은색으로 활용하면 운이 좋아진다.

■ 약사 1985년 10월 15일(양) 오전 11시 50분 坤(곤)

시	일	월	연
丙(병)	丁(정)	丙(병)	乙(을)
午(오)	亥(해)	戌(술)	丑(축)

화(火)-적	수(水)-흑	목(木)-청	금(金)-백	토(土)-황

위 사주는 목(木) 1개 10점, 화(火) 4개 45점 토(土) 2개 25점, 금(金) 0개 15점으로 구성되어 있다.

연천간의 을목(乙木)이 고립되어 목(木)과 같은 오행이다.

목(木)을 생하는 수(水) 오행이 필요하다.

목(木)은 파란색이고 수(水)는 검은색이라 좋다.

고립 무존재

■ **건축학 교수 1962년 9월 3일**(양) **오후 3시** 乾(건)

시	일	월	연
乙(을)	辛(신)	己(기)	壬(임)
未(미)	未(미)	酉(유)	辰(진)

화(火)-적	수(水)-흑	목(木)-청	금(金)-백	토(土)-황

위 사주는 목(木) 1개 10점, 화(火) 0개 0점, 토(土) 2개 30점, 금(金) 2개 40점, 수(水) 1개 10점으로 구성되어 있다.

금(金)의 점수가 가장 많으니 금(金)을 극하는 화(火)와 화(火)를 생하는 목(木)의 오행이 좋다.

화(火)의 색상인 빨간색과 목(木)의 색상인 파란색이 좋다.

을목(乙木)이 고립이니 을목(乙木)을 도와주는 목(木)이나 수(水)

를 활용하는 것도 좋다.

목(木)의 색상은 파란색 수(水)의 색상은 검은색이 좋다.

화(火)가 무존재이니 화(火)가 필요하다.

화(火)는 빨간색이 좋다.

■ **회계사 1981년 3월 3일(양) 새벽 1시 乾(건)**

시	일	월	연
丙(병)	庚(경)	庚(경)	辛(신)
子(자)	辰(진)	寅(인)	酉(유)

화(火)-적	수(水)-흑	목(木)-청	금(金)-백	토(土)-황

위 사주는 목(木) 1개 0점, 화(火) 1개 10점, 토(土) 1개 15점, 금(金) 4개 40점, 수(水) 1개 45점으로 구성되어 있다.

금(金)과 수(水)가 많아 금(金)을 극하는 화(火)와 수(水)를 극하는 토(土)의 오행이 필요하다.

화(火)의 색상인 빨간색과 토(土)의 색상인 노란색이 좋다.

병화(丙火) 고립이니 병화(丙火)를 도와주는 같은 오행 화(火)와 목(木)을 활용하는 것이 좋다.

화(火) 색상 빨간색과 목(木) 파란색이 좋다.

목(木)이 무존재하니 목(木)의 오행이 필요하다.

과다

■ 가수 종현 1990년 4월 8일 오전 6시 乾(건)

시	일	월	연
乙(을)	癸(계)	庚(경)	庚(경)
卯(묘)	卯(묘)	辰(진)	午(오)
화(火)-적	수(水)-흑	목(木)-청	금(金)-백	토(土)-황

목(木) 1개 55점, 화(火) 1개 10점, 토(土) 1개 15점, 금(金) 2개 20점, 수(水) 1개 10점으로 구성된 사주이다. 목이 55점으로 과다하니 목을 극(剋)하는 금의 색상을 활용하면 좋다. 금의 색상이 흰색이다. 인테리어를 흰색 계열을 사용하면 무난하고 의상과 코디도 흰색 위주로 입으면 좋다

■ 배우 1974년 7월 31일 (양) 오전 11시 乾(건)

시	일	월	연
丁(정)	癸(계)	辛(신)	甲(갑)
巳(사)	酉(유)	未(미)	寅(인)
화(火)-적	수(水)-흑	목(木)-청	금(金)-백	토(土)-황

위 사주는 목(木) 2개 20점, 화(火) 2개 55점, 토(土) 1개 0점, 금(金) 2개 55점, 수(水) 1개 10점으로 구성되어 있다.

화(火)가 과다하니 화(火)를 극하는 수(水)와 수(水)를 생하는 금 (金)의 오행이 좋다.

수(水)의 검은색과 금(金)의 흰색이 좋다.

태과다 고립

■ **전 야구 선수 1967년 7월 17일 (양) 낮 12시 乾(건)**

시	일	월	연
丙(병)	壬(임)	丁(정)	丁(정)
午(오)	午(오)	未(미)	未(미)

화(火)-적	수(水)-흑	목(木)-청	금(金)-백	토(土)-황

위 사주는 목(木) 0개 0점, 화(火) 5개 90점, 토(土) 2개 10점, 금 (金) 0개 0점, 수(水) 1개 10점으로 구성되어 있다.

화(火)의 점수가 태과다하니 화(火)를 극하는 수(水)와 수(水)를 생하는 금(金) 오행이 좋다.

색상으론 수(水)의 검은색과 금(金) 색상인 흰색이 좋다.

임수(壬水)의 고립으로 수(水)를 도와주는 것이 좋다.

수(水)는 검은색이니 검은색이 좋다.

과다 고립 무존재

■ 연구원 1988년 9월 29일(양) 오후 4시 乾(건)

시	일	월	연
戊(무)	丁(정)	辛(신)	戊(무)
申(신)	亥(해)	酉(유)	辰(진)

화(火)-적	수(水)-흑	목(木)-청	금(金)-백	토(土)-황

위 사주는 목(木) 0개 0점, 화(火) 1개 10점, 토(土) 3개 30점, 금(金) 3개 55점, 수(水) 1개 15점으로 구성되어 있다.

금(金)의 점수가 과다하니 금(金)을 극하는 화(火)의 오행과 화(火)를 생하는 목(木)의 오행이 필요하다.

화(火)의 색상인 빨간색과 목(木)의 색상인 파란색이 좋다.

일천간 정화(丁火)가 고립이니 화(火) 오행과 목(木) 오행이 필요하다.

목(木)이 무존재하니 목(木) 오행이 필요하다.

■ 패션 디자이너 1988년 4월 25일(양) 새벽 4시 乾(건)

시	일	월	연
丁(정)	庚(경)	丙(병)	戊(무)
亥(해)	戌(술)	辰(진)	辰(진)

화(火)-적	수(水)-흑	목(木)-청	금(金)-백	토(土)-황

위 사주는 목(木) 1개 화(火) 1개 10점 토(土) 5개 60점, 금(金) 1개 10점, 수(水) 0개 0점으로 구성되어 있다.

토(討)의 점수가 60점으로 과다하니 토(土)를 극하는 목(木) 오행과 목(木)을 생하는 수(水)의 오행이 필요하다.

목(木)의 색상이 파란색과 수(水)의 색상인 검은색이 좋다.

인목(寅)이 고립이니 인목(寅木)을 도와주는 같은 오행 목(木)과 목(木)을 생하는 수(水)를 활용하는 것도 좋다.

목(木) 파란색 색상과 목(木) 동쪽 방향이 좋다.

수(水)가 무존재하니 수(水)의 오행도 필요하다.

과다 무존재

■ 회계사 1988년 10월 2일(양) 오후 6시 坤(곤)

시	일	월	연
乙(을)	庚(경)	辛(신)	戊(무)
酉(유)	子(자)	酉(유)	辰(진)

화(火)-적	수(水)-흑	목(木)-청	금(金)-백	토(土)-황

위 사주는 목(木) 2개 25점, 화(火) 0개 0점, 토(土) 2개 20점, 금(金) 4개 65점, 수(水) 0개 0점으로 구성되어 있다.

금(金)이 65점으로 과다하니 금(金) 오행을 극하는 화(火) 오행으로 화(火)를 생하는 목(木) 오행이 필요하다.

화(火) 색상인 빨간색과 목(木) 색상인 파란색이 좋다.

화(火)가 무존재라 화(火)의 오행이 필요하다.

■ 패션 디자이너 1986년 6월 11일(양) 오후 6시 坤(곤)

시	일	월	연
丁(정)	丙(병)	甲(갑)	丙(병)
酉(유)	戌(술)	午(오)	辰(진)

화(火)-적	수(水)-흑	목(木)-청	금(金)-백	토(土)-황

위 사주는 목(木) 2개 20점, 화(火) 4개 60점, 토(土) 1개 15점, 금(金) 1개 15점, 수(水) 0개 0점으로 구성되어 있다.

화(火)의 점수가 60점으로 과다하니 화(火)를 극하는 수(水)와 수(水)를 생하는 금(金)의 오행이 필요하다.

수(水)의 색상 검은색과 금(金)의 색상 흰색이 좋다.

수(水) 오행이 무존재하니 수(水) 오행이 필요하다.

어느 방향으로 가야
운이 풀릴까?

무존재

■ 가수 조용필 1950년 음력 2월 3일 인(寅)시 乾(건)

시	일	월	연
戊(무)	乙(을)	己(기)	庚(경)
寅(인)	卯(묘)	卯(묘)	寅(인)

화(火)-남	수(水)-북	목(木)-동	금(金)-서	토(土)-중

사주에 무존재는 사주팔자 여덟 자에 없는 오행을 말한다. 즉 점수가 0점인 경우가 여기에 속한다. 가수 조용필의 사주는 목 (木) 5개 80점, 화(火) 0개 0점, 토(土) 2개 20점, 금(金) 1개 10점, 수(水) 0개 0점으로 구성되어 있다. 조용필의 사주에서 무존재는

0점인 화와 수이다.

이 사주에서는 화와 수의 방향을 적극적으로 활용해야 하고자 하는 일, 원하는 일에 행운이 따른다. 무존재를 살려 주는 방향은 북쪽과 남쪽이다.

침대를 북쪽이나 남쪽으로, 문은 방 중앙에서 보았을 때 북쪽 문, 또는 남쪽 문, 책상은 방 중앙에서 보았을 때 북쪽 문, 또는 남쪽 문이 좋다.

■ 배우 1983년 2월 14일 (양) 酉(유)시 乾(건)

시	일	월	연
癸(계)	癸(계)	甲(갑)	癸(계)
酉(유)	酉(유)	寅(인)	亥(해)

화(火)-남	수(水)-북	목(木)-동	금(金)-서	토(土)-중

위 사주는 목(木) 1개 10점, 화(火) 0개 0점, 토(土) 0개 0점, 금(金) 2개 30점, 수(水) 4개 70점으로 구성되어 있다.

수(水)를 극하는 토(土)와 토(土)를 생하는 화(火)의 오행이 좋다.

토(土) 중앙과 화(火) 남쪽이 좋다.

판사 1982년 1월 23일(양) 새벽 4시 乾(건)

시	일	월	연
庚(경)	丙(병)	辛(신)	辛(신)

寅(인)	午(오)	丑(축)	酉(유)

화(火)-남	수(水)-북	목(木)-동	금(金)-서	토(土)-중

위 사주는 목(木) 1개 0점, 화(火) 2개 25점, 토(土) 1개 0점, 금(金) 4개 40점, 수(水) 0개 45점으로 구성되어 있다.

시천간 경금(庚金)이 고립되어 있어 경금(庚金)을 도와주는 금(金)이나 금을 생하는 토(土) 오행이 필요하다.

금(金)의 서쪽과 토(土)의 중앙이 좋다.

시지지 인목(寅木)이 고립되어 있어 인목(寅木)을 도와주는

목(木)이나 목을 생하는 수(水)의 오행이 필요하다.

목(木)의 동쪽과 수(水)의 북쪽이 좋다.

■ **첼리스트 1990년 2월 5일(양) 오전 10시 30분 坤(곤)**

시	일	월	연
癸(계)	辛(신)	戊(무)	庚(경)
巳(사)	丑(축)	寅(인)	午(오)

화(火)-남	수(水)-북	목(木)-동	금(金)-서	토(土)-중

위 사주는 목(木)이 1개 0점, 화(火) 2개 25점, 토(土) 2개 25점, 금(金) 2개 20점, 수(水) 1개 40점으로 구성되어 있다.

시지 사화(巳火)가 고립되어 사화(巳火)를 도와주는 화(火)와 화(火)를 생하는 목(木)오행이 필요하다.

화(火)의 남쪽과 목(木)의 동쪽이 좋다.

고립 무존재

■ 건축학 교수 1962년 9월 3일(양) 15시 乾(건)

시	일	월	연
乙(을)	辛(신)	己(기)	壬(임)
未(미)	未(미)	酉(유)	辰(진)

화(火)-남	수(水)-북	목(木)-동	금(金)-서	토(土)-중

위 사주는 목(木) 1개 10점, 화(火) 0개 0점, 토(土) 2개 30점, 금(金) 2개 40점, 수(水) 1개 10점으로 구성되어 있다.

금(金)의 점수가 가장 많으니 금(金)을 극하는 화(火)와 화(火)를 생하는 목(木)의 오행이 좋다.

화(火)의 방향인 남쪽과 목(木)의 방향인 동쪽이 좋다.

위 사주는 을목(乙木)이 고립이니 을목(乙木)을 도와주는 목(木)이나 수(水)를 활용하는 것도 좋다.

목의 방향은 동쪽, 수(水)의 방향은 북쪽이 좋다.

화(火)가 무존재이니 화(火)가 필요하다.

화(火)는 남쪽이 좋다.

■ 회계사 1981년 3월 3일(양) 오전 01시 乾(건)

시	일	월	연
丙(병)	庚(경)	庚(경)	辛(신)
子(자)	辰(진)	寅(인)	酉(유)

화(火)-남	수(水)-북	목(木)-동	금(金)-서	토(土)-중

위 사주는 목(木) 1개 0점, 화(火) 1개 10점, 토(土) 1개 15점, 금(金) 4개 40점, 수(水) 1개 45점으로 구성되어 있다.

금(金)과 수(水)가 많아 금(金)을 극하는 화(火)와 수(水)를 극하는 토(土)의 오행이 필요하다.

화(火)의 방향인 남쪽, 토(土)의 방향인 중앙이 좋다.

병화(丙火) 고립이니 병화(丙火)를 도와주는 같은 오행 화(火)와 목(木)을 활용하는 것이 좋다.

화(火) 방향 남쪽과 목(木) 동쪽이 좋다.

목(木)이 무존재하니 목(木)의 오행이 필요하다.

과다 고립 무존재

■ 연구원 1988년 9월 29일(양) 오후 4시 乾(건)

시	일	월	연
戊(무)	丁(정)	辛(신)	戊(무)
申(신)	亥(해)	酉(유)	辰(진)

화(火)-남	수(水)-북	목(木)-동	금(金)-서	토(土)-중

위 사주는 목(木) 0개 0점, 화(火) 1개 10점, 토(土) 3개 30점, 금(金) 3개 55점, 수(水) 1개 15점으로 구성되어 있다.

금(金)의 점수가 과다하니 금(金)을 극하는 화(火)의 오행과 화(火)를 생하는 목(木)의 오행이 필요하다.

화(火)의 방향인 남쪽과 목(木)의 방향인 동쪽이 좋다.

일천간 정화(丁火)가 고립이니 화(火)오행과 목(木) 오행이 필요하다.

목(木)이 무존재하니 목(木) 오행이 필요하다.

■ 패션 디자이너 1988년 4월 25일(양) 새벽 4시 乾(건)

시	일	월	연
戊(무)	庚(경)	丙(병)	戊(무)
寅(인)	戌(술)	辰(진)	辰(진)

화(火)-남	수(水)-북	목(木)-동	금(金)-서	토(土)-중

위 사주는 목(木) 1개 화(火) 1개 10점 토(土) 5개 60점, 금(金) 1개 10점, 수(水) 0개 0점으로 구성되어 있다.

토(討)의 점수가 60점으로 과다하니 토(土)를 극하는 목(木) 오행과 목(木)을 생하는 수(水)의 오행이 필요하다.

목(木)의 방향인 동쪽과 수(水)의 방향인 북쪽이 좋다.

인목(寅)이 고립이니 인목(寅木)을 도와주는 같은 오행 목(木)과 목(木)을 생하는 수(水)를 활용하는 것도 좋다.

목(木) 동쪽 방향, 수(水) 북쪽 방향이 좋다.

수(水)가 무존재하니 수(水)의 오행도 필요하다.

수(水)의 북쪽 방향이 좋다.

과다 무존재

■ 회계사 1988년 10월 2일(양) 오후 6시 坤(곤)

시	일	월	연
乙(을)	庚(경)	辛(신)	戊(무)
酉(유)	子(자)	酉(유)	辰(진)

화(火)-남	수(水)-북	목(木)-동	금(金)-서	토(土)-중

위 사주는 목(木) 2개 25점, 화(火) 0개 0점, 토(土) 2개 20점, 금(金) 4개 65점, 수(水) 0개 0점으로 구성되어 있다.

금(金)이 65점으로 과다하니 금(金) 오행을 극하는 화(火) 오행으로 화(火)를 생하는 목(木)오행이 필요하다.

화(火) 방향인 남쪽과 목(木) 방향인 동쪽이 좋다.

화(火)가 무존재라 화(火)의 오행이 필요하다.

화(火)의 방향인 남쪽이 좋다.

■ 패션 디자이너 1986년 6월 11일(양) 오후 6시 **坤**(곤)

시	일	월	연
丁(정)	丙(병)	甲(갑)	丙(병)
酉(유)	戌(술)	午(오)	辰(진)

화(火)-남	수(水)-북	목(木)-동	금(金)-서	토(土)-중

위 사주는 목(木) 2개 20점, 화(火) 4개 60점, 토(土) 1개 15점, 금(金) 1개 15점, 수(水) 0개 0점으로 구성되어 있다.

화(火)의 점수가 60점으로 과다하니 화(火)를 극하는 수(水)와 수(水)를 생하는 금(金)의 오행이 필요하다.

수(水)의 방향 북쪽과 금(金)의 방향 서쪽이 좋다.

수(水) 오행이 부존재하니 수(水) 오행이 필요하다.

수(水)의 북쪽 방향이 좋다.

과다

■ 김영삼 전 대통령 1928년 12월 4일(음력) 술(戌)시 **乾**(건)

시	일	월	연
甲(갑)	己(기)	癸(계)	戊(무)
戌(술)	未(미)	丑(축)	辰(진)

화(火)-남	수(水)-북	목(木)-동	금(金)-서	토(土)-중

사주에서 점수가 50점 이상이 되면 과다라고 한다. 과다란 오행은 극(剋)하는 오행으로 과다한 오행을 눌러줘야 한다. 김영삼 전 대통령의 사주를 살펴보면 목(木) 1개 10점, 화(火) 0개 0점, 토(土) 6개 60점, 금(金) 0개 0점, 수(水) 1개 40점으로 구성되어 있다. 토가 60점이니 토가 과다이고 이를 극하는 목을 활용해야 한다. 목의 방향은 동쪽이다.

■ 배우 1974년 7월 31일 (양) 오전 11시 乾(건)

시	일	월	연
丁(정)	癸(계)	辛(신)	甲(갑)
巳(사)	酉(유)	未(미)	辰(진)

화(火)-남	수(水)-북	목(木)-동	금(金)-서	토(土)-중

위 사주는 목(木) 2개 20점, 화(火) 2개 55점, 토(土) 1개 0점, 금(金) 2개 55점, 수(水) 1개 10점으로 구성되어 있다.

화(火)가 과다하니 화(火)를 극하는 수(水)와 수(水)를 생하는 금(金)의 오행이 좋다.

수(水)의 북쪽과 금(金)의 서쪽이 좋다.

태과다

■ 개그맨 박명수 1970년 8월 27일(음력) 자(子)시 乾(건)

시	일	월	연
丙(병)	庚(경)	乙(을)	庚(경)
子(자)	戌(술)	酉(유)	戌(술)

화(火)-남	수(水)-북	목(木)-동	금(金)-서	토(土)-중

위 사주는 목(木) 1개 10점, 화(火) 1개 10점, 토(土) 2개 25점, 금(金) 3개 50점, 수(水) 1개 10점으로 구성된 사주이다. 금(金)이 50점 과다이니 금(金)을 극하는 화(火)로 활용하여야 한다. 화(화)의 방향은 남쪽이므로 침대를 놓을 때 남쪽의 방향으로 머리를 두고 잔다. 집무실의 책상은 남쪽으로 바라볼 수 있게 하면 좋다.

태과다 고립

■ 전 야구 선수 1967년 7월 17일 (양) 낮 12시 乾(건)

시	일	월	연
丙(병)	壬(임)	丁(정)	丁(정)
午(오)	午(오)	未(미)	未(미)

화(火)-남	수(水)-북	목(木)-동	금(金)-서	토(土)-중

위 사주는 목(木) 0개 0점, 화(火) 5개 90점, 토(土) 2개 10점, 금(金) 0개 0점, 수(水) 1개 10점으로 구성되어 있다.

화(火)의 점수가 태과다하니 화(火)를 극하는 수(水)와 수(水)를 생하는 금(金) 오행이 좋다.

방향으론 수(水) 방향인 북쪽과 금(金) 방향인 서쪽이 좋다.

임수(壬水)의 고립으로 수(水)를 도와주는 것이 좋다.

수(水)는 북쪽이니 북쪽이 좋다.

사주에 따른
보석 코디법

고립

■ 노회찬 전 정의당 대표 1956년 8월 31일(양력) 오후 4시 30분 乾(건)

시	일	월	연
甲(갑)	庚(경)	丙(병)	丙(병)
申(신)	午(오)	申(신)	申(신)

위 사주는 목(木) 1개 10점 화(火) 3개 80점 토(土) 0개 0점 금(金) 4개 20점 수(水) 0개, 0점으로 구성되어 있다. 화를 보면 80점으로 화가 태과다한 사주이다. 화를 극(剋)하는 수와 수를 생(生)하는 금을 활용해야 한다.

오행 활용법은 천간과 지지 활용법은 고립을 우선으로 활용해야 한다. 그러므로 월지가 신금(申金)임을 주목해야 한다. 뜨거운 여름으로 금이 녹고 시지 금(金)이 한여름에 신(申)시로 뜨거운 계절의 한낮이다. 이 또한 금을 녹인다.

일천간 경금(庚金)은 주변에 화와 목으로 둘러싸여 고립되어 있고 시천간 갑목(甲木)은 주변에 화, 금으로 둘러싸여 고립되어 있다. 마찬가지로 연지지 신금은 주변에 화로 둘러싸여 고립되어 있다. 이 사주는 고립이 매우 많다. 일천간 경금, 시천간 갑목, 연지지 신금, 월지지 신금, 시지지 신금이 전부 고립이다.

경금 고립의 경우 흰색, 갑목 고립은 초록색을 활용하면 좋다. 방향은 정서에서 조금 남쪽을 활용하고 시천간 고립은 초록색 보석으로, 연지지와 시지지 고립은 흰색 보석을 몸에 지니면 길하다.

■ 방탄소년단 가수 정국 1997년 9월 1일(양력) 오전 8시 乾(건)

시	일	월	연
壬(임)	丙(병)	戊(무)	丁(정)
辰(진)	午(오)	申(신)	丑(축)

목(木) 0개로 0점, 화(火) 3개로 65점, 토(土) 3개로 35점, 금(金) 1개로 0점, 수(水) 1개로 10점인 사주이다. 화를 보면 비겁이 65점으로 화가 과다한 사주이기도 하다. 화를 극(剋)하는 수와 수를 생(生)하는 금을 활용하면 좋다.

천간과 지지로는 고립을 활용하는데 시천간 임수(壬水)로 고립이다. 월지 신금(申金)이 여름 계절로 인한 고립, 진토(辰土)는 생으로 고립되어 있으나 생고립을 활용하지 않아도 된다.

시천간을 살펴보면, 임수(壬水) 고립이다. 색상으로 검은색이 좋다. 방향은 정북이며 보석은 검은색이 어울린다. 월천간을 살펴보면 신금(申金)의 고립으로 색상은 구리색(짙은 갈색)이 좋고, 방향은 정남에서 조금 서쪽이면 좋겠다. 보석은 구리색을 착용하면 좋다.

■ 헨리(가수) 1989년 10월 11일(양) 해(亥)시 乾(건)

시	일	월	연
乙(을)	甲(갑)	甲(갑)	己(기)
亥(해)	辰(진)	戌(술)	巳(사)

위 사주는 목(木) 3개 30점, 화(火) 1개 10점, 토(土) 3개 40점, 금(金) 0개 15점, 수(水) 1개 15점으로 구성되어 있다. 토 40점으로 가장 많으니 토(土)를 극하는 목(木)과 목(木)을 생하는 수(水) 오행이 좋다.

오행 목(木), 수(水)가 필요하니 파란색, 검은색 보석을 활용하면 좋다.

목(木) 파란색 보석인 토파즈, 사파이어, 스피넬, 지르콘, 혹스아이, 알렉산드라이트, 아쿠아마린 등의 보석이 필요하고 어울리며 수(水) 검은색 보석인 흑진주, 흑요석, 블랙 오팔, 오릭스, 블랙 사파이어, 블랙 투르말린 등의 보석이 필요하고 어울린다.

■ 김남수 옹(뜸 치료 전문가) 1915년 5월 12일(음) 묘(卯)시 乾(건)

시	일	월	연
辛(신)	丙(병)	壬(임)	乙(을)
卯(묘)	戌(술)	午(오)	卯(묘)

위 사주는 목(木) 3개 35점, 화(火) 2개 40점, 토(土) 1개 15점, 금(金) 1개 10점, 수(水) 1개 10점으로 구성되어 있어 사주원국에 목(木), 화(火), 토(土), 금(金), 수(水) 오행이 고루 균형 있게 있는데 합(合)이 되면서 화(火)가 많아지면서 시천간 신금(辛金)이 사라진다. 그러므로 신금(辛金)을 도와주는 금(金)이 필요하다.

금(金) 흰색 보석은 다이아몬드, 문스톤, 화이트 사파이어, 칼사이트, 화이트 토파즈 등이 필요하고 잘 어울린다.

과다

■ 노무현 전 대통령 1946년 8월 6일(음력) 진(辰)시 乾(건)

시	일	월	연
丙(병)	戊(무)	丙(병)	丙(병)
辰(진)	寅(인)	申(신)	戌(술)

위 사주의 구성을 보면 목(木) 1개 15점, 화(火) 3개 60점, 토(土) 3개 35점, 금(金) 1개 0점, 수(水) 0개 0점이다. 화가 60점으로 화가 과다한 사주이다. 오행으로는 화를 극하는 수와 수를 생하는 금을 활용하면 좋다. 천간 지지를 살펴보면 연지지는 술토(戌土)이니 생고립이며, 월지지는 신금(申金)으로 여름에 이르니 고립이다. 일천간은 무토(戊土)이니 생고립이다. 일지지는 인목(寅木)으로 고립이다.

월지지 신금(申金) 고립이니 구리색 보석을 착용하면 무난하다. 일지지는 인목이니 고립이다. 남색의 옷을 입으며 북동쪽으로 문을 내면 좋다. 남색 보석이 어울린다.

■ UFC 선수 1981년 11월 17일(양) 오전 6시 乾(건)

시	일	월	연
丁(정)	己(기)	己(기)	辛(신)
卯(묘)	亥(해)	亥(해)	酉(유)

위 사주는 목(木) 1개 15점, 화(火) 1개 10점, 토(土) 2개 20점, 수(水) 2개 45점, 금(金) 2개 20점으로 구성되어 있다. 오행 활용법은 태과다, 과다를 활용해야 하지만 이 사주에서는 없다.

이 중 수(水)가 45점으로 가장 많으니 수(水)를 극하는 토(土)와 토(土)를 생하는 화(火) 오행이 필요하다.

오행의 무존재도 없고 오행도 모두 점수가 고루 균형이 잘 이루어진 사주이다. 그중에 수(水) 조금 더 많은 편이어서 토(土)와 화(火) 오행을 활용한다. 빨간색 보석인 레드 베릴(빅스바이트), 산호, 다이아몬드, 스피넬, 레드 토파즈, 루비 등이 필요하고 어울리며 노란색 보석인 토파즈, 호박, 황수정 등의 보석이 필요하고 어울린다.

발달

■ 유시민 노무현재단 이사장 1959년 7월 28일(양력) 오(午)시 乾(건)

시	일	월	연
甲(갑)	辛(신)	辛(신)	己(기)
午(오)	亥(해)	未(미)	亥(해)

위 사주는 목(木) 1개 10점, 화(火) 1개 45점, 토(土) 2개 10점, 금(金) 2개 20점, 수(水) 2개 25점으로 구성되어 있다. 화가 45점으로 화가 발달한 사주이다. 화가 발달인데 점수가 45점이라서 오행 중에 가장 강하다. 화를 극하는 수와 수를 생(生)하는 금(金)을 활용하면 좋겠다. 천간 지지로는 연천간 기토(己土) 생고립이다. 생고립은 활용하지 않아도 된다.

이 사주의 경우 천간 지지로는 활용하지 않아도 된다. 화를 제외하고 어떤 보석도 다 어울린다.

■ 방송인 유재석 1972년 8월 14일(양력) 술(戌)시 乾(건)

시	일	월	연
庚(경)	丁(정)	戊(무)	壬(임)
戌(술)	丑(축)	申(신)	子(자)

목(木) 0개로 0점, 화(火) 1개로 40점, 토(土) 3개로 40점이다. 금(金) 2개로 10점, 수(水) 2개로 20점인 사주이다. 화가 40점, 토가 40점으로 발달되어 있다. 반면에 목은 0개, 0점으로 무존재한 사주이다. 천간 지지로 월지 신금(申金)은 뜨거운 여름에 녹는 형국으로 고립되어 있다. 시천간 경금(庚金)은 생고립이다. 생고립은 활용하지 않아도 된다.

구리색 반지나 목걸이를 하면 빛난다.

■ 야구 선수 박찬호 1973년 6월 29일(음력) 신(申)시 乾(건)

시	일	월	연
甲(갑)	乙(을)	己(기)	癸(계)
申(신)	丑(축)	未(미)	丑(축)

목(木) 2개 20점, 화(火) 0개 45점, 토(土) 4개 35점, 금(金) 1개 0점, 수(水) 1개 10점으로 구성된 사주다. 종합적으로 화가 45점, 토가 35점으로 발달되어 있다. 천간 지지로는 연천간 계수(癸水) 고립이며, 시지 신금(申金)으로 한여름의 낮이라 고립의 사주다.

신금 고립이니 구리색 보석을 착용하면 건강에 도움이 된다.

■ 축구 선수 손흥민 1992년 7월 8일 (양력) 오후 6시 **乾**(건)

시	일	월	연
乙(을)	乙(을)	丁(정)	壬(임)
酉(유)	酉(유)	未(미)	申(신)

위 사주는 목(木) 2개 20점, 화(火) 1개 40점, 토(土) 1개 0점, 금 (金) 3개 40점, 수(水) 1개 10점이다. 토 재성이 0점으로 무존재이 고 연지는 신금(申金)고립이다. 토 오행과 금 오행을 활용하면 좋 은 사주이다. 천간과 지지로는 연지지 신금 고립이다.

알다시피 토트넘 유니폼이 흰색인데 손흥민 선수의 경우 흰 색과 궁합이 맞으니 투명한 크리스털 목걸이에 다이아몬드 반지 를 착용하면 건강에 좋다.

과다 무존재

■ 박원순 전 서울시장 1955년 1월 19일(음) 06시 **乾**(건)

시	일	월	연
乙(을)	癸(계)	戊(무)	乙(을)
酉(유)	酉(유)	辰(진)	未(미)

위 사주는 목(木) 5개 50점, 화(火) 0개 0점, 토(土) 2개 20점, 금(金) 0개 0점, 수(水) 1개 40점으로 구성되어 있다.

목(木)의 점수가 과다하니 목(木)을 극하는 금(金)과 금(金)을 생하는 토(土)가 좋다.

사주에 좋은 보석으로는 화(火), 토(土), 금(金) 색상인 빨간색, 노란색, 흰색의 보석이 좋다.

빨간색 보석인 레드 베릴(빅스라이트), 산호, 다이아몬드, 스피넬, 레드 토파즈, 루비 등이 필요하고 어울리며, 노란색 보석인 토파즈, 호박, 황수정 등이 필요하고 어울리며, 흰색 보석인 다이아몬드, 문스톤, 화이트 사파이어, 칼사이트, 화이트 토파즈 등이 필요하고 잘 어울린다.

■ **방탄소년단 뷔 1995년 12월 30일(양) 낮 12시 乾(건)**

시	일	월	연
壬(임)	乙(을)	戊(무)	乙(을)
午(오)	未(미)	子(자)	亥(해)

위 사주는 목(木) 2개 20점, 화(火) 1개 15점, 토(土) 2개 20점, 금(金) 0개 0점, 수(水) 3개 50점으로 구성되어 있다.

수(水) 3개 50점으로 과다해 수(水)를 극하는 토(土)와 토(土)를 생하는 화(火)를 활용하는 것이 좋다.

빨간색 보석인 레드 베릴(빅스바이트), 산호, 다이아몬드, 스피넬, 레드 토파즈, 루비 등이 필요하고 어울리며, 노란색 보석인, 토파즈, 호박, 황수정 등이 보석이 필요하고 어울리며, 흰색 보석인 다이아몬드, 문스톤, 화이트 사파이어, 칼사이트, 화이트 토파즈 등이 필요하고 잘 어울린다.

별자리로 보는
운세와 색

오행이 동양인의 무의식을 지배하는 것처럼 서양 문화에서는 별자리의 영향력이 크다. 별자리별 특징과 연결되는 색상만으로도 색에 관한 서양인의 사상을 알 수 있다. 주요 인물의 별자리와 해설은 다음과 같다.

염소자리 (12월 21일~1월 20일) 자(子)월 축(丑)월

인물

노벨평화상 수상자 김대중 전 대통령 1924년 1월 6일, 배우 제인 폰다 1937년 12월 21일, 마틴 루서 킹 1929년 1월 15일, 트로트 가수 송가인(조은심) 1986년 12월 26일, 김부겸 정치인 1956년 12월 21일(음)

창의성이 뛰어나고 아이디어가 반짝이고 계획적이다. 매사에 성실하며 보수적이면서 꼼꼼하고 믿음직스러운 사람이다. 지나치게 진지하지만, 사소한 일에도 여러 가지 의미를 찾으려고 한다. 사회적인 규칙이나 틀에 매이지 않는 성격이다. 자신 혹은 조직에서 만들어놓은 목표를 향해 힘들고 어려운 일도 묵묵하게 실천해나가며 우직하게 이끌어나가는 성향이다.

현실적 감각이 뛰어나고 이해타산적이다. 방어적인 성향이 강하고 자신과 가까운 가족이나 친구 등에게는 도움을 주고 헌신하기도 한다. 업무를 볼 때는 이성적이지만 연애나 사랑은 뜨겁고, 감성적인 성향이 강하다. 남자는 마음은 있으나 쉽게 표현하지 못하고 인내하고 참다가 어느 순간 폭발하는 스타일이다. 결혼하게 되면, 누구보다 가정적이고 책임감이 강하다.

여자는 남자의 용모나 경제력 사회적 지위보다는 자기를 얼마나 사랑하는가에 비중을 둔다. 남자가 적극적이고 계획적이며 안정감을 줄 때, 여자는 호감을 표시한다. 결혼하면 가정 살림에 충실하면서도 남편에 대한 불안감을 약간 가지고 있다.

물병자리(1월 20일~2월 19일) 축(丑)월 인(寅)월

인물

로널드 레이건(제40대 미국 대통령) 1911년 2월 6일 출생, 미국 농구 선수 마이클 조던 1963년 2월 17일 출생, 축구 선수 안정환

1976년 1월 27일, 영화배우 김수현 1988년 2월 16일

해설

비사교적이고 수줍고 조용하고 예민하다. 고집이 세고 두뇌 회전이 빠르고 창의력이 강하다. 확고한 생각과 탁월한 인식력과 뛰어난 논리력과 수리력을 가지고 있다. 꿈이 하나 생기면 금방 또 다른 꿈이 생기고 인생의 미래에 대한 다양한 꿈들을 꾸고 살아간다. 다른 사람들을 돕는 것을 좋아하는 따뜻한 감성과 냉철한 지성을 겸비한 성격의 소유자다. 다만 예민한 성격으로 주변 사람들의 말을 인정하지 않고 자기중심적인 성격을 갖고 있다.

이성을 만날 때, 상대가 싫어하는 느낌이 들면 금방 토라져 만남을 거부하기도 한다. 반면에 자신에게 잘해주는 사람에게는 한없이 친절하다. 차갑고 무감각한 사람처럼 보이지만, 너무 빠른 친밀감에 대한 방어일 경우가 강하다. 다른 사람들을 신뢰하고 감정을 부드럽게 표현하는 방법을 배울 필요가 있다.

물고기자리(2월 19일~3월 20일) 인(寅)월 묘(卯)월

인물

정치인 안철수 1962년 2월 26일, 배우 김남길 1980년 3월 13일, 영화배우 장동건 1972년 3월 7일, 대통령 문재인 1952년 2월 19일, 배우 하정우 1978년 3월 11일, 프로바둑 기사 이세돌 1983년 3월 2일, 프로축구 선수 이강인 2001년 2월 19일, 프로게이머

조세형 1994년 2월 27일.

해설

창의적이고 풍부한 감수성과 상상력을 가지고 있고 뛰어난 아이디어와 예술성을 가지고 있다. 동정심과 연민의 따뜻한 마음과 여린 심성의 소유자로서 포용력과 수용력이 높은 사람들이다. 자신보다 먼저 타인을 생각하고 어렵고 힘든 사람들을 외면하지 않는, 애정이 많고 다정다감하고 희생적인 사람이다. 공감 능력이 뛰어나고 타인의 감정을 쉽게 간파하고 개방적이다. 성실하고 착하며 인정이 많은 사람으로 주변 사람들의 칭찬을 받는다. 남자는 사랑에 빠지면 그 자신의 모든 것을 바치는 헌신적인 타입이다. 여자는 남편을 위해 헌신적이고 봉사 정신이 투철하며 자신의 가정에 충실한 것으로 만족을 느끼고 살아간다.

양자리(3월 20일~4월 20일) 묘(卯)월 진(辰)월

인물

축구 선수 박지성 1981년 3월 30일, 탤런트 김태희 1980년 3월 29일, 성철 스님 1912년 4월 6일, 베네딕토 전 교황 1927년 4월 16일, 전 법무부 장관 조국 1965년 4월 6일.

해설

인간관계에서는 여유 있는 마음씨로 온화하고 따뜻한 사람이다. 사회에서는 화려한 것을 좋아하고 승부욕이 강하다. 타인과의 경쟁에서 반드시 이기려고 한다. 이상이 높고 성취욕이 있어 추진력이 강하고 머물러 있기보다 활동적인 에너지가 많고 안정적인 삶보다 모험적이고 자신이 하고자 하는 일에 전력을 다한다. 남자들은 보스적인 기질이 있어 자상하지는 않으나 내면으로 깊은 애정이 있어 보이지 않는 곳에서 베푸는 것을 좋아한다. 인간관계에서는 계산하지 않고 순수하게 만들어간다. 결혼 후 가부장적인 행동 속에서도 책임감 있게 가정을 꾸린다. 여자는 성적인 매력보다는 청순함과 순수함, 맑은 매력으로 상대를 기쁘게 만든다. 슬기롭고 재치 있는 상황 판단으로 가정을 보살피며 남편을 출세시키는 현모양처형이다.

황소자리(4월 20일~5월 21일) 진(辰)월 사(巳)월

인물

교황 요한 바오로 2세 1920년 5월 18일, 배우 오드리 헵번 1929년 5월 4일, 제25회 바르셀로나 올림픽 금메달리스트 황영조 1970년 4월 27일, 미스코리아 이혜원 1979년 4월 24일, 성악가 임형주 1986년 5월 7일, 프로바둑 기사 조훈현 1953년 4월 23일, 프로게이머 이상혁 1996년 5월 7일, 가수 이효리 1979년 5월 10일

해설

자신에 대한 믿음이 강하고 자부심도 강하다. 자신의 기준을 철저하게 유지하고 고집스러운 성격을 지니고 있다. 자신이 원하는 목표가 있으면 내면에 잠재된 능력을 최대한 끌어내 성공을 이루는 능력이 있다. 감수성도 풍부해서 창의성과 예술성 손재주 등 다양한 분야에 재능이 있다. 보수적인 성격이지만 새로운 환경에 적응하는 능력도 있고, 완고하면서도 현명한 타입이다. 안전성과 인내심, 뚝심을 겸비해 결혼에도 저돌적이고 상대의 결점을 발견해도 후회하지 않고 인내하는 성격이다. 여자는 결혼 후 적극적으로 변하고 남자를 사로잡는 매력이 있다.

쌍둥이자리 (5월 21일~6월 21일) 사(巳)월 오(午)월

인물

미국의 영화배우 겸 가수 주디 갈런드 1922년 6월 10일 출생, 미국 대통령 도널드 트럼프 1946년 6월 14일 출생, 국회의원 김민석 1964년 5월 29일, 김수환 추기경 1922년 6월 3일, 동물 행동치료 전문가 강형욱 1985년 5월 27일, 농구 선수 서장훈 1974년 6월 3일, 철학자 김용옥 1948년 6월 14일

해설

다재다능하고 호기심과 관심이 많다. 사교적이고 다른 사람들과 의사소통을 원하며 표현력과 이해력이 뛰어나다. 홍이 많

아 재미있는 사람이다. 정치가, 예술가, 활동가, 작가 등의 재능이 있으며 한 분야의 일인자가 되는 경향이 많다. 빠르게 배우고 아이디어를 서로 교환할 수 있는 능력이 있다. 너무 재주가 많아 일관성이 부족하고 결정적이지 못하다. 재미있고 낙천적이며 지적 호기심이 많다. 의사소통은 신체 접촉을 매우 중요하게 생각하고 호기심이 많아 다양한 사람들과 소통하려고 한다. 남자는 활기차고 역동적이고 열정적인 사람으로 지루한 순간이 적고 모험적이다. 유머러스하기에 여성들에게 인기가 많다. 여자는 매우 재치있고 열성적이고 개방적이다. 육체적인 관계는 빠르게 이루어질 수 있어도 헌신적인 관계를 유지하려면 시간과 인내심이 필요하다.

게자리(6월 21일~7월 22일) 오(午)월 미(未)월

인물

축구 선수 손흥민 1992년 7월 8일, 방송인 강호동 1970년 7월 14일, 야구 선수 김광현 1988년 7월 22일, 가수 겸 배우 비(정지훈) 1982년 6월 25일, 고 문익환 목사 1918년 7월 8일, 삼성 부회장 이재용 1968년 6월 23일, 야구 선수 최동원 1958년 7월 10일

해설

감상적이고 감수성도 뛰어나다. 주관도 강하며 감정 변화도 다양하다. 사람들과의 관계가 원만하고 환경에 대한 순응력이

뛰어나다. 사람다운 행동을 중요하게 생각하고 돈을 잘 쓰는 편은 아니지만, 꼭 써야 할 때는 큰돈을 아끼지 않고 과감하게 투자한다. 감정의 기복이 있지만, 상상력이 풍부하고 설득력이 뛰어나다. 목적을 달성하는 과정에서 타인의 행동과 의지에 융통성 있게 반응하여 안전한 결과를 얻으려고 하는 타입이다. 연애에서 남성은 적극적으로 표현하고 열정적으로 다가서지만, 결혼 후에는 가정적인 타입으로 변한다. 여성은 포용력이 있고 타인의 고민을 들어주며 관대한 사람이다. 이성에 대한 서비스 정신이 강하여 밝은 성격으로 상대방을 즐겁게 해준다. 다만 주변 사람들에게 지나치게 친절을 베풀다가 애인과의 관계가 어긋나는 경우도 종종 있다.

사자자리(7월 22일~8월 23일) 미(未)월 신(申)월

인물

미국 제44대 대통령 버락 오바마 1961년 8월 4일, 예술가 앤디 워홀 1928년 8월 6일, 가수 마돈나 1958년 8월 16일, 개그맨 유재석 1972년 8월 14일, 농구 선수 하승진 1985년 8월 4일, 프로바둑 기사 이창호 1975년 7월 29일, 가수 지드래곤(권지용) 1988년 8월 18일, 배구 선수 김요한 1985년 8월 16일

해설

사자자리는 태양처럼 멈추지 않고 계속하여 움직이며 생명력

을 부여하는 에너지를 상징한다. 사자자리에 태어난 사람들은 열정이 넘치고 너그럽다. 부드러우면서도 확신에 찬 목소리와 행동으로 자기가 있는 공간을 만들어간다. 천재적인 아이디어와 재능을 가지고 화려하고 매력적인 모습으로 슈퍼맨과 같은 포부를 만들어간다. 사물을 보는 관찰력과 풍부한 상상력으로 많은 이들이 우러러보는 지도자가 많다. 열정적이고 정열적이며 모험심이 많다. 다만 깊게 생각하지 않고 행동을 먼저 하는 경향이 강하다. 어떠한 시련도 극복하고 반드시 목표를 달성하는 승부욕과 지배욕이 강한 성격이다. 남자의 경우 사랑과 연애에서 마음과 돈을 아끼지 않고 불같은 열정으로 여자의 마음을 사로잡는다. 결혼 후에도 따뜻한 남편 자상한 아버지의 모습을 보인다. 여자는 남자에 대한 헌신적이고 정열적인 사랑을 하고 결혼 후에도 마음을 다하여 헌신하는 타입이다.

처녀자리(8월 23일~9월 23일) 신(申)월 유(酉)월

인물

시인 이상 1910년 8월 20일(양력 9월 23일), 피겨 선수 김연아 1990년 9월 5일, 가수 마이클 잭슨 1958년 8월 29일, 성녀 테레사 수녀 1910년 8월 26일, 배우 배용준 1972년 8월 29일, 소설가 이외수 1946년 9월 10일, 신세계 정용진 부회장 1968년 9월 19일, 프로 게이머 임요환 1980년 9월 4일

원칙과 규칙이 있으며 정확하고 차분하다. 예의 바르고 현실적인 사람이다. 조직에 충실하고 순응적이며 매우 도덕적인 타입이다. 감수성이 예민하고 머리가 총명하다. 이성적이고 빈틈 없는 판단력을 가지고 있으며 깨끗하고 깔끔한 일 처리로 주변 사람들에게 신뢰를 얻는다. 매사에 일 지향적이고 본인과 타인의 실수를 용납하지 못하고 잘 비판하는 편이다. 일에 관해서는 깐깐하고 자존심이 강하다. 자신의 능력과 생각을 과신하여 타인의 의견을 무시하고 배척하는 고집 센 독불장군 스타일이기도 하다. 맡은 일을 적당히 하거나 시간관념이 부족한 사람은 상대하지 않으려는 극단적인 성향이 있다. 남자는 순결한 여성을 좋아한다. 다른 남자가 있는 여자와는 철저히 거리를 두고 자신이 마음에 드는 이성은 반드시 쟁취하는 타입이다. 여자는 청순하고 세련되며 여자다움을 가지고 있다. 현모양처로 자신이 맡은 일을 성실하게 마무리하는 사람이다. 다만 남자와 여자 모두 이성을 지나치게 소유하려고 하거나 집착하는 타입이다. 자제력을 키워 인간관계를 원만하게 이끄는 것이 좋다.

천칭자리(9월 23일~10월 23일) 유(酉)월 술(戌)월

인물

마하트마 간디 1969년 10월 2일, 변호사 이지후 1940년 9월 26일, 영화배우 김명민 1972년 10월 8일, 가수 겸 배우 수지(배수지) 1994년 10월 10일, 노동운동가 전태일 1948년 9월 28일, 알리바바 회장 마윈 1964년 10월 15일, 방탄소년단 지민 1995년 10월 13일, 배우 윤시윤 1986년 9월 26일

해설

천칭자리는 정의의 여신 아스트라이아가 가지고 다니던 정의의 저울대를 상징한다. 냉철한 이성으로 극단적인 행동을 거부하고 선악을 구분하는 사람이다. 조용하고 차분하며 매사 부드럽고 품위가 있는 태도를 유지하며 지적이다. 완벽을 추구하는 타입으로 모든 일에 시작과 끝을 정확하게 맺기를 좋아한다. 하던 일이 끝나야 다른 일을 시작할 수 있다. 항상 계산적이며 손익 계산을 분명히 하는 성격 유형이다. 상대를 먼저 파악한 후에 자신의 행동을 결정하는 사람이다. 일에서는 완벽주의자다. 사람 관계에서는 계산적인 성격으로 협상가, 영업 등 거래 관계에서 큰 성과를 이룰 수 있다.

인간관계를 매우 중요시하게 생각하여 신뢰하면 매우 헌신적이지만 불신하면 뒤도 안 돌아보고 단절하는 타입이다. 이성을 만날 때, 사랑에 이르기까지 기간이 오래 걸리지만 한번 사랑에 빠지면 빠르고 깊게 사랑을 한다. 남자는 예리한 비판력과 민감한 신경의 소유자다. 매우 도덕적으로 행동하며 결혼한 후에는 아내를 사랑하고 안정된 가정을 꾸린다. 다만 여자가 외도하거나 상식적으로 벗어난 행동을 하면 과감하게 헤어진다. 여자는

결혼할 남자가 아니면 마음을 주지 않는다. 결혼 후에는 자신의 틀 안에서 남편의 요구를 들어주지만, 자신의 틀에서 벗어난 요구는 과감하게 거부한다. 부인으로 올곧은 길을 걷고 있기에 남편은 함부로 대하지 못한다.

전갈자리(10월 23일~11월 22일) 술(戌)월 해(亥)월

인물

법정 스님 1932년 10월 8일(음) 11월 5일(양), 씨름 선수 최홍만 1980년 10월 30일, 개그우먼 박나래 1985년 10월 25일, UFC 선수 김동현 1981년 11월 17일, 지휘자 금난새 1947년 11월 7일, 프로게이머 홍진호 1982년 10월 31일, 프로게이머 이윤열 1984년 11월 20일, 정치인 손학규 1947년 11월 22일, 배우 한지민 1982년 11월 5일

해설

매우 신중하고 완고하다. 차분하며 헌신적이고 자기만의 세계에 빠져 있는 모습의 사람이다. 성공에 대한 기준치가 높다. 성격은 열정적이면서 홀로 결심하고 일단 마음을 먹으면 목표를 달성한다. 풍부한 정보를 통해 진실을 찾을 때까지 연구를 게을리하지 않는다. 겉으로는 친절하지만, 눈치가 빠르고 손해를 싫어하고 계산적이다. 다른 사람의 행동에 대해 쉽게 적응하지 못하고 질투심과 의심이 많다. 불신이 강하여 비밀에 관하여 남모

르게 간직하고 있는 경향의 사람이다. 가까운 사람에게는 마음을 여는데 소유욕도 강하여 자유로운 연애는 어려운 타입이다. 타인의 조언을 잔소리로 듣고 자기만의 생각과 고집이 있다. 남자는 여성의 성적 매력보다 믿음직한 매력에 끌리고 한번 좋아하면 전폭적으로 헌신하고 충실한 남편으로 책임을 다한다. 여자는 남자를 사로잡는 매력이 있고 미남형의 남자보다 말수가 적고 믿음직한 사람에게 매력을 느낀다. 마음과 마음을 주고받는 교감을 중요시한다. 남자와 여자 모두 이성의 배신에 대해 냉혹하고 반드시 복수의 마음을 가진다. 변덕이 심하여 사람들 앞에서 웃으며 농담을 하다가도 한순간 냉담해진다.

사수자리(11월 22일~12월 21일) 해(亥)월 자(子)월

인물

장영주(사라 장) 1980년 12월 10일, 프란치스코 교황 1936년 12월 17일, 전 대통령 비서실장 노영민 1957년 11월 26일, 유튜버 나희선(도티) 1986년 12월 10일, 방탄소년단 가수 진 1992년 12월 4일, 가수 강다니엘 1996년 12월 10일, 유도 선수 조준호 1988년 12월 16일

해설

두뇌 회전이 빠르고 순간적인 집중력이 무척 좋다. 다른 사람을 도우려고 하고 다정하며 따뜻한 사람이다. 겉으로 낙천적이

며 열정적이어서 긍정적인 사람으로 보인다. 다만 속으로는 성공, 성취, 안정, 안전 등에 집착한다. 일확천금과 같은 목표에 두려움과 초조함이 있어 자기만의 비밀을 간직하고 있다. 마음이 급하다 보니 무슨 일이든 지속하지 못해 금세 싫증을 내는 스타일이다. 실수와 실패를 두려워하여 자기변명이 강하다. 이런 좋지 않은 습관 때문에 다른 사람의 마음을 상하게 하거나 당신의 말을 믿을 수 없게 하기도 한다.

남녀 간의 사랑은 자연스러운 연애를 추구하며 처음에는 친구처럼 지내다 발전해나가는 스타일이다. 아주 적극적인 이성 친구와 빈틈없는 계획을 통해 연애하면 안정된 마음을 가지게 되고 결혼도 골인할 수 있다. 결혼 후 헌신적인 가정을 이루지만 상대가 바쁘거나 떨어져 있거나 할 때 불안 장애가 있어 의심과 초조함이 많아지게 되어 종종 갈등을 겪는 일이 생긴다.

별자리와 색

별자리	색	행성	탄생석	①성향 ②구성 요소 ③장단점	수호신	동양의 지지 (地支)— 오행—색
양자리 3.21~4.20 Aries	빨강	화성 Mars	루비	①멈출 수 없는 열정 ②낮의 힘, 남성적, 적극적, 지도적 ③장점: 적극성, 배짱, 활발, 열정, 용기 단점: 난폭, 무모, 낭비, 고집, 관능	불	묘(卯) 목 청색 진(辰) 토 청갈색

황소자리 4.21~5.20 Taurus	녹색	금성 Venus	사파이어	①곧고 완고하며 아름다움을 추구 ②밤의 힘, 여성적, 소극적, 가정적 ③장점: 세련, 화목, 평화, 가정적, 예술적 단점: 사치, 고집, 호색, 조잡, 예민	흙	진(辰) 토목 청갈색 사(巳) 화 적색
쌍둥이자리 5.21~6.21 Gemini	보라	수성 Mercury	자수정	①자신감과 천재적인 두뇌 ②낮의 힘, 적극적, 유동적, 논리적 ③장점: 지식, 논리, 재주, 다양, 재능 단점: 민감, 교활, 수다, 신경, 이기적	공기	사(巳) 화 적색 오(午) 화 적색
게자리 6.22~7.22 Cancer	은색 흰색	달 Moon	진주 은	①강인한 모성애와 약한 정신력 ②밤의 힘, 여성적, 소극적, 중심적, 이기적 ③장점: 상상, 창의, 낭만, 감성, 낙천 단점: 변덕, 이기심, 인색	물	오(午) 화 적색 미(未) 토화 적갈색
사자자리 7.23~8.23 Leo	금색 노랑	태양 Sun	금	①타고난 열정 봉사 정신이 뛰어나고 밝고 화려하고 지도자의 능력 ②낮의 힘, 남성적, 고전적, 적극적 ③장점: 쾌활, 평등, 관대, 지배, 독립, 성공 단점: 완고, 고집, 독단, 성급, 사치, 고독	불	미(未) 토 화 적갈색 신(申) 금 화 분홍색

처녀자리 8.24~ 9.23 Vergo	파랑	수성 Mercury	사파이어	①이상과 정의감 ②밤의 힘, 여성적, 유동적, 소극적 ③장점: 재주, 논리, 재능 단점: 수다, 잔소 리, 변덕, 교활	흙	신(申) 금 분홍색 유(酉) 금 흰색
천칭자리 9.24~ 10.23 Libra	녹색	금성 Venus	사파이어	①냉정하고 냉철한 결단 ②낮의 힘, 남성적, 적극적, 중심적 ③장점: 평화, 가정, 재능, 고상, 재치 단점: 사치, 호색, 고집, 게으름	공기	유(酉) 금 흰색 무(戊) 토금 회갈색
전갈자리 10.24~ 11.22 Scorpio	빨강	화성 Mars	루비	①인내력, 침착함, 강한 매력 ②밤의 힘, 여성적, 소극적, 고정적, 창 조적 ③장점: 총명, 창조, 영민, 논리 단점: 강압, 강제, 폭 력, 고압, 게으름	물	술(戌) 토 회갈색 해(亥) 수 흑
사수자리 11.22~ 12.21 Sagittarius	파랑	목성 Jupiter	다이아 몬드	①매사 신속한 일 처리, 능력 ②낮의 힘, 남성적, 유동적, 적극적 ③장점: 권위, 위엄, 열정, 정의, 권력 단점: 난폭, 사치, 극단, 강압, 허영	불	해(亥) 수 흑 자(子) 수 흑
염소자리 12.22~1.20 Capricorn	검정	토성 Saturn	다이아 몬드	①끈기 있게 밀고 나가는 강직함 ②밤의 힘, 여성적, 중심적, 소극적 ③장점: 연구, 독립, 근면, 계획, 정화 단점: 고집, 독단, 욕심, 소심, 고독	흙	자(子) 수 흑 축(丑) 토 수 흑갈색

물병자리 1.21~2.19 Aquarius	검정	천왕성 Uranus	다이아 몬드	①예리한 관찰력과 추진력, 상식이나 인간관계에 얽매이지 않는 소신 ②낮의 힘, 남성적, 고정적, 소극적 ③장점: 독창적 아이디어, 우호적, 추진력 단점: 변덕, 예민, 고집, 배신	공기	축(丑) 토 수 흑 인(寅) 목 수 흑
물고기자리 2.19~3.20 Pisces	보라	해왕성 Neptune	자수정 진주	①뛰어난 적응력 ②유동적, 소극적, 감상적, 도피적 ③장점: 예술적, 안정적, 재능, 상상력, 감수성 단점: 변덕, 민감, 불안정, 도피, 방랑	물	인(寅) 목 청 묘(卯) 목 청

사
(四)

운을 부르는 색

나의
퍼스널 컬러

　'퍼스널 컬러' 개념을 처음 세상에 내놓은 사람은 20세기 초 스위스 화가이자 독일 바우하우스 대학의 교수였던 요하네스 이 텐이다. 그는 초상화를 그리다가 특정 피부색과 머리카락 색의 결합에 따라서 그림이 좋아 보이기도 하고 안 좋아 보이기도 한 것을 발견했다. 그는 이런 현상을 분석하고 오랜 경험과 연구 끝 에 사계절에 기반을 두고 네 개의 컬러 팔레트를 만들어 학생들 이 매력적인 초상화를 그릴 수 있도록 했다.

　이를 발전시킨 사람이 로버트 도어이다. 그는 배색 원리를 연 구해서 컬러키 프로그램(Color Key Program)을 만들었다. 키 I 은 파 란색 언더톤, 키 II 는 노란색 언더톤으로 구분해서 각각에 어울 리는 170개의 색으로 구성된 팔레트를 만들었다. 심리학자 캐롤 잭슨은 자신의 저서 《컬러 미 뷰티풀*Color Me Beautiful*》에서 인간의 이미지를 네 가지로 분류했다. 또한 색상 팔레트를 통한 패션, 메이크업을 제안해서 선풍적인 인기를 얻었다.

퍼스널 컬러(personal color)는 타고난 피부, 머리, 눈동자 등 신체의 색을 종합해서 자신에게 가장 잘 어울리고, 빛나게 해주는 색을 말한다. 신체 색상은 보통 얼굴 피부색, 몸의 피부색, 머리카락, 눈동자 색 등이다. 우리 몸의 피부색은 헤모글로빈의 붉은색, 멜라닌의 갈색, 케라틴의 황색이 합쳐져서 결정된다. 머리카락 색은 유멜라닌의 흑갈색, 페오멜라닌의 황적색의 양과 분포에 의해서, 눈동자 색은 홍채에 있는 멜라닌 색소의 빛깔과 혈관 분포 정도에 따라서 달라진다.

인류는 태초부터 색을 의식적으로 사용했다. 인류 역사의 시초에는 부족 전체를 위해서 특정한 색을 사용했다면 현대 사회는 색을 쓰는 양상이 다르다. 개성을 중시하는 현대에는 사람들이 타인과 구별되는 자신만의 고유한 색상을 원한다.

사람들은 퍼스널 컬러로 내 몸의 색과 조화를 이루어 생기가 돌고 활기차 보이도록 하거나 또는 안정적이고 차분해 보이도록 한다. 이제 퍼스널 컬러는 이미지 관리에 있어서 필수가 된 것이다. 패션 선진국에서는 퍼스널 컬러를 사계절의 이미지에 비유해서 이름을 붙이고 각자 어울리는 색채로 개성 있는 이미지를 연출하는 데 활용한다. 저마다 외모가 다르듯 어울리는 색도 따로 있다. 이는 외모에만 국한되지 않는다. 선호하는 색에 따라 그 사람의 성격도 유추할 수 있다.

퍼스널 컬러
진단하기

퍼스널 컬러는 크게 차가운 색 계열인 쿨톤(cool tone)과 따뜻한 색 계열인 웜톤(warm tone)으로 나눌 수 있다. 퍼스널 컬러를 진단할 수 있는 대표적인 방법 몇 가지를 알아보자.

①파운데이션 테스트(foundation test)

한쪽 볼에는 옐로 베이스의 파운데이션을 또 다른 볼에는 핑크 베이스의 파운데이션을 얇게 펴서 발라본다. 둘 중에서 피부색과 더 잘 섞이는 것을 선택한다. 선택한 것이 옐로 베이스면 웜톤이고 핑크 베이스면 쿨톤이라고 볼 수 있다.

②정맥 테스트

손목 안쪽 혈관을 관찰한다. 혈관이 파란색에 가까우면 쿨톤이고 녹색에 가까우면 웜톤이다. 퍼스널 컬러를 진단하는 가장 간단한 방법이다.

③골드 실버 테스트(gold silver test)

이 테스트를 하려면 금색과 은색 천 또는 종이를 준비해야 한다. 햇빛 노출이 적은 손목 안쪽에 금색과 은색을 각각 대본다. 금색과 은색 중에 손목 안쪽의 피부색과 더 잘 섞이고 고르게 보이는 것으로 선택한다. 은색이 잘 어울리면 쿨톤이고 금색이 잘 어울리면 웜톤이다.

④머리카락과 눈동자 색

마지막으로 자신의 머리카락과 눈동자 색을 관찰하여 퍼스널 컬러를 찾을 수 있다. 눈동자가 짙고 선명하고 회색빛이 가미된 갈색이면 쿨톤, 밝고 깊은 갈색이면 웜톤이다. 붉은 기가 도는 갈색이나 짙은 갈색은 웜톤이며 흑갈색이나 회갈색, 푸른 빛이 도는 검은색은 쿨톤이다.

웜톤과 쿨톤의
특징 비교

웜톤:
①오렌지색이 잘 어울린다.
②햇볕에 장시간 있으면 쉽게 탄다.
③머리카락 색이 브라운에 가깝다.
④피부에 노란 기운이 서려 있다.
⑤피치 계열 립스틱이 잘 어울린다.
⑥브라운, 그린, 오렌지색 매니큐어를 바르면 어울린다.
⑦골드 주얼리가 잘 어울린다.
⑧베이지색이나 아이보리 티셔츠가 잘 어울린다.

⑨주변 사람들에게 섹시하다, 혹은 사랑스럽다는 이야기를 자주 듣는다.

쿨톤:

①핑크색이 잘 어울린다.

②햇볕에 장시간 있으면 빨갛게 익는다.

③머리카락 색이 블랙에 가깝다.

④피부에 붉은 기운이 많다.

⑤핑크 계열 립스틱이 잘 어울린다.

⑥핑크, 레드, 블루 컬러 매니큐어를 바르면 어울린다.

⑦실버 주얼리가 잘 어울린다.

⑧순백색 티셔츠가 잘 어울린다.

⑨주변 사람들에게 청순하다, 혹은 시크하다는 이야기를 자주 듣는다.

연예인의 퍼스널 컬러

봄 웜톤은 사계절 색상 중에 가장 부드럽고 연한 이미지를 풍긴다. 밝고, 따뜻하고 생기 있고, 발랄하고, 사랑스러우면서 동안인 외모가 많다. 밝고 선명하며 노란빛의 밝은 머리카락이 특징이고 가수 아이유, 설현, 수지 등이 여기에 속한다.

여름 쿨톤은 깨끗하고, 지적이며 우아하고 시원한 이미지로 파스텔 톤이 잘 어울린다. 부드럽고 차분하며 푸른빛의 눈동자와 갈색 머리카락이 특징이다. 배우 이영애, 정채연 등이 여기에 속한다.

가을 웜톤은 건강하고 섹시하며 붉고 짙은 이미지를 풍긴다. 짙고 그윽한 갈색의 눈동자와 짙은 붉은색 머리카락이 특징이다. 가수 이효리, 손담비, 배우 한채영, 한예슬 등이 여기에 속한다.

겨울 쿨톤은 시크하나 모던하며 이목구비가 선명하고 뚜렷한 이미지에 선명한 다크 초콜릿 눈동자에 푸른빛이 도는 검정 머리카락이 특징이다. 배우 김혜숙, 전지현, 가수 아이린 등이 여기에 속한다.

사주와 색의
모든 것

앞서 사주와 색의 관계, 우리의 일상을 색과 연결 지어 생각하는 법 등을 이야기했다. 이제 지금껏 이야기한 것을 한데 모을 차례다. 색깔별로 다음 15가지 차원에서 종합 정리해보고자 한다.

①색상의 특성과 성정
색상의 기본 특성과 의미를 설명한다.

②색상의 연상, 색상의 키워드
각 색상별로 떠오르는 단어와 키워드를 분석한다.

③색채의 심리 활용
우리가 가진 장점을 살리고 단점을 보완하는 데 색상의 선택이 중요하다. 예를 들어서 너무 생각이 많고 걱정이 많은 사람은 활발하고 관계에 뛰어난 빨강과 노랑 색상의 의상을 입어 자신 감과 적극성을 보완할 수 있다.

④직업 적성

색채 심리에는 색채와 어울리는 직업 적성이 있다. 어떤 특성 의 색상을 좋아하면 이에 해당하는 직업을 선택하면 적성에 맞 는다. 파란색을 좋아하면 파란색에 맞는 직업을 찾을 수 있다. 또 는 사주팔자에 어떤 오행이 많이 존재할 때 그에 해당하는 직업 을 선택하면 적성이 맞는다. 예를 들어 사주에 수(水)가 많은 사 람의 경우, 수는 검은색이니 검은색에 맞는 직업이 어울린다.

⑤무언의 메시지와 커뮤니케이션

그 사람의 간절한 바람을 드러나는 행동에서 유추해볼 수 있 듯이 어떤 사람이 특별한 색을 선택했을 때 이를 통해 알리고자 하는 속마음을 읽을 수 있다.

⑥색으로 보는 나의 상태

해당 색을 고집하게 될 때의 상황이나 상태를 말한다. 이때는 자기를 돌아보고 자신의 상태를 살펴야 한다. 과한 욕망은 찾아 온 기회를 놓치는 원인이 될 수 있다. 어떤 색상의 옷을 입고 싶거 나 그 색을 활용하고 싶을 때, 사주에 과다한 색상을 활용하고 싶을 때는 조심하자. 반대로 사주에 고립되거나 없는 색상을 활용하고 싶은 마음이 든다면 오히려 안정적일 수 있다고 보면 된다.

⑦과다와 거부

과다란 사주에 과다한 색상을 실생활에서 활용하거나 사주와 상관없이 활용할 때를 말한다. 거부란 사주에 고립된 색상 또는 없는 색상이거나 현실에서 전혀 활용되지 않는 색상을 의미한다.

⑧건강

각 색에는 건강이 존재한다. 사주나 실생활에 적당한 색상을 쓰면 그 색에 해당하는 부위의 건강이 좋을 것이다. 다만 너무 과다한 색이나 반대로 무존재하거나 고립된 색을 쓰면 그 색에 해당하는 부위의 건강이 좋지 않다.

⑨누가

사주에 과다하거나 발달한 색상이나 실생활에서 자주 사용하는 색상을 그 색상에 해당하는 성격이나 성향의 사람으로 분석한다.

⑩언제

사주에 과다하거나 발달한 색상과 실생활에서 자주 사용하는 색상을 그 색상에 해당하는 시기, 즉 계절이나 날짜, 환경으로 분석한다.

⑪어디서

색상에 따라 그 색상에 해당하는 장소가 있다. 사주에 과다할 때는 피하는 것이 좋고 발달했을 때는 적당하게 활용하는 것이 좋다. 고립되거나 무존재는 적극적으로 활용하는 것이 현명하다. 실생활에서 자신에게 부족하다고 생각되는 성격, 특성을 살리기 위해 해당하는 장소를 자주 활용하면 도움이 된다. 반대로 자신에게 너무 과다하다고 생각되는 성격, 특성을 바꾸고 싶다면 해당하는 장소를 피하는 게 좋다.

⑫무엇을

한 가지 색이 사주에 과다할 때나 발달했을 때 또는 특정한 색을 선호할 때 우리 무의식에 어떤 목적이 있는지 알 수 있다.

⑬어떻게

마찬가지로 사주에 과다한 색상이나 발달한 색, 또는 좋아하고 자주 쓰는 색이 있을 때 우리가 무의식적으로 어떤 행위를 하고 싶어 하는지 알아본다.

⑭왜

특정한 색을 좋아하고 그 색이 과다한 사주라면 그것이 우리 운명에서 어떤 의미를 갖는지 알아본다.

⑮예술 작품

각 색상을 활용한 그림과 영화를 말한다. 사주에 색상이 없거나 고립되었을 때, 해당 색상의 그림을 인테리어에 활용하거나 영화를 보면 좋겠다.

●빨간색

- 화(火)

①색상의 특성과 성정

빨간색은 안전을 상징한다. 그래서 금지할 때 자주 등장하는 색이다. 불조심, 출입 금지, 접근 금지, 긴급 상황 등을 알릴 때 쓰인다. 또한 분노와 복수의 색이기도 하다. 화가 났을 때 우리는 얼굴이 발갛게 달아오른다. 영화에서 주인공은 '피의 복수'를 하고 결국 '피를 보'고 마는 일을 저지른다.

빨간색은 자기 확신과 자신감, 강렬한 열정의 색이고 색 중에서 가장 자극적이고 감정을 고조시킨다. 사람을 흥분시켜 긴장감을 주기 때문에 과도하게 사용하면 피로감을 줄 수 있고 보는 이의 주의가 산만해질 수 있으니 유의해야 한다.

빨간색은 행동적이고 강하며 정열적이면서 드라마틱하다. 아드레날린 분비가 활발하기에 에너지 발산에 효과가 크다. 외향적이어서 사람을 좋아하고 에너지가 넘치며 호기심이 왕성하며 활동적이다. 리더십을 필요로 할 때나 커다란 용기가 필요할 때, 결단의 시기에 힘을 주는 색이다.

②색상의 연상, 색상의 키워드

- 장점: 태양, 불, 피, 혁명, 열정, 홍분, 적극, 과감, 과단, 소방차, 응급실, 맥박, 용기, 용맹, 공격, 도전, 현실적, 정열적, 쾌락적, 감정적, 힘, 에너지, 감각, 환희, 행복감, 사랑의 감정, 본능적, 따뜻함, 사랑하는, 섹시한, 뜨거운, 명쾌한, 야망, 낙관적인, 자유로운, 감성적, 활발함, 강인함, 행동하는, 표현하는, 솔직한

- 단점: 위험, 경고, 다혈질, 욕망, 위험물, 홍분, 반항, 피, 레드콤플렉스, 야심가, 고집, 지나친 열등감, 공포심, 무절제한 열정, 욕정, 지나친 분노심, 악마, 고통, 광란, 방화, 폭발, 위급한 병환, 공격적

- 신체: 심장, 혈관, 눈

- 음식: 붉은색 살코기, 붉은 고추, 고춧가루, 파프리카

- 과일: 붉은색 과일(딸기, 사과, 산딸기, 토마토, 대추, 체리, 수박, 앵두, 석류)

- 사물: 불, 장미, 태양, 피, 소방차, 입술, 노을, 일출

③색채의 심리 활용

정서적으로 건강할 때와 안정적일 때 열정적이고 에너지가 넘친다. 시원시원하고 적극적이며 자신의 감정을 논리적으로 표현한다.

정서적으로 안정되고 싶거나 평정심을 찾고 싶을 때는 빨강은 피해야 한다. 적극적으로 자신을 표현하고 에너지를 발산하고 싶을 때는 빨강을 적극적으로 활용하면 좋다.

④직업 적성

빨간색의 직업 적성으로는 무용, 뮤지컬, 경영, 건축, 정치, 음악, 체육(운동선수), 정치, 배우(영화배우, 연극배우), 격투기, 개그맨, 코미디언, 이벤트, 강연, 자영업, 디자이너, 패션모델, 에어로빅, 관광, 강연, 레저가 있다.

⑤무언의 메시지와 커뮤니케이션

빨간색이 의미하는 무언의 메시지는 나를 보이고 싶다, 나를 알리고 싶다, 나는 건강하다, 사람들과 어울리고 싶다, 컨디션이 좋아진다, 활기찬 관계를 만들고 싶다 등이다.

⑥색으로 보는 나의 상태

정서적으로 불안하고 불만이 많을 때 빨간색에 집착할 수 있다. 산만하고 안정감이 떨어질 때도 마찬가지이다. 분노 조절을 하기가 어렵고 다혈질적으로 폭발하는 타입이라면 특히 조심하자.

⑦과다와 거부

- 과다할 때: 열정적이고 외향적이다. 충동적인 감정을 드러낸다.
- 거부할 때: 감정을 통제하고 억제한다.

⑧건강

혈액 순환을 촉진하고 감각신경을 자극한다. 순환기와 심장에 대한 건강을 관장하여 뇌출혈, 중풍, 고혈압, 빈혈, 심장 무기력을 일으킬 수 있다.

⑨누가

- 긍정적일 때: 열정적인 사람, 행동하는 사람, 육체적 힘이 있는 사람, 모험적인 사람, 물질을 추구하는 사람, 자신감이 있는 사람, 낙천적인 사람, 감성적인 사람, 추진력이 강한 사람, 외향적인 사람, 정열적인 사람, 격정적인 사람, 자유로운 사람, 예술성이 있는 사람
- 부정적일 때: 자기의 주장이 강한 사람, 공격적인 사람, 야심 있는 사람, 성적 충동이 강한 사람, 자기의 감정을 조절하지 못하는 사람, 다혈질인 사람, 욱하는 사람, 감정 기복이 심한 사람, 산

만한 사람, ADHD 증후군, 방만한 사람, 쾌락적인 사람, 향락적인 사람

⑩언제
- 긍정적 시간과 계절: 여름, 낮, 축제 시기, 운동할 때, 경기할 때, 오락할 때, 게임을 할 때, 도전 시기, 사랑이 싹틀 때
- 부정적 시간과 계절: 전쟁, 화재, 위기, 재난, 사건, 사고, 고통, 흥분할 때, 화가 치밀 때

⑪어디서
- 긍정적인 장소: 체육관, 공연장(뮤지컬, 춤, 노래, 연극), 운동 경기장, 투우장, 경연장, 축제장, 소방서, 경찰서, 극장, 용광로, 온천, 훈련소, 시장
- 부정적인 장소: 홍등가, 전쟁터, 화재, 지옥, 위험한 곳, 화산, 싸움터

⑫무엇을
- 긍정적 키워드: 불, 태양, 에너지, 용기, 열정, 행동, 모험, 실행, 창조, 창의, 결심, 결단, 기쁨, 환희, 쾌락, 승리, 행복, 생명
- 부정적 키워드: 화재, 피, 욕망, 증오, 흥분, 다혈질, 충동, 분노, 소란, 고통, 광란, 난폭, 잔인, 전쟁, 투쟁, 폭력, 공격, 반항, 대항, 살육, 살인

⑬어떻게

- 긍정적 마음과 행동: 자유롭게, 열정적으로, 활동적인, 적극적인, 독립적, 자주적, 야심 차게, 용맹하게, 가열차게, 창조적으로, 창의적으로, 온몸을 던져, 망설이지 않고, 저돌적으로, 공개적으로, 표현하며

- 부정적 마음과 행동: 난폭하게, 급하게, 혼란스럽게, 흥분해서, 복잡하게, 무모하게, 생각 없이, 충동적으로, 도발적으로, 위압적으로, 공격적으로, 폭력적으로, 무력으로, 무리하게, 무모하게, 무시하며, 자기 멋대로

⑭왜

- 긍정적 이유: 주장을 관철하기 위해, 감정을 속일 수 없어, 표현하고 싶어, 모험하고 싶어, 새로운 아이디어가 떠올라, 주변 사람들의 민원을 대신해서, 새로운 시작을 꿈꾸며, 성장하고 싶어, 성장시키고 싶어, 발전을 위해

- 부정적 이유: 본능에 충실해서, 성질이 나서, 화가 나서, 급해서, 반항적이라, 폭력적이라, 독선적이어서, 독단적이어서, 흥분해서, 자기조절 능력이 떨어져서, 과격해서

⑮예술 작품

- 그림: 뭉크의 〈절규〉, 얀 판 에이크의 〈아르놀피니 부부의 초상〉, 프리다 칼로의 〈삶이여, 영원히!〉, 요하네스 페르메이르의 〈

빨간 모자를 쓴 소녀〉

　- 영화: 장이머우 감독의 〈붉은 수수밭〉

● **주황색**

　- 화+토(火+土)

①**색상의 특성과 성정**

　창조적이고 매사에 열의가 넘치고 용기 있는 색이다. 사람 사이에서 친밀감을 주고 이목을 모으고 인기가 있다. 눈에 강렬하게 다가오기 때문에 강한 인상을 남기고 식욕을 증진시킨다. 이국적이면서 기분 좋은 분위기가 감돌고 의욕적이고 사람을 즐겁게 하는 재능이 뛰어나다. 주변 분위기가 밝아지고 활발한 소통이 가능하다. 때론 과식하거나 과도한 친절, 과도한 사교성으로 구설수가 생길 수 있다. 신경이 예민해지고 피곤함을 주기도 하니까 주의하자.

②**색상의 연상, 색상의 키워드**

　- 장점: 구명조끼, 이국적, 사교적, 의욕적, 즐거움, 대인 관계가 뛰어남, 맛있음, 식욕이 증진됨, 따뜻함, 오렌지, 비타민, 유쾌함, 낭만적임, 활기참, 저녁노을, 정열적, 활동성, 창조성, 포부, 자긍심, 힘, 인내, 활력 넘침, 생명력, 약진하는, 희망, 화사한, 행복한, 밝음, 활발한, 원기 있는, 화려한, 열정이 넘치는, 따뜻한, 소통

하는, 생생한, 이해력이 빠른, 적응력

- 단점: 위험, 집요함, 피곤함, 불안함, 불안정한, 천박한, 사치스러운, 요란한, 애정 결핍, 경박한, 속을 알 수 없는, 성격이 급한, 고집이 센

- 과일·채소: 한라봉, 파파야, 감, 귤, 호박, 오렌지, 레몬, 자몽, 유자, 멜론, 카레(강황), 당근

③색상의 심리 활용

- 정서적으로 안정적일 때: 대인 관계가 원만하면서 누구하고도 쉽게 어울리고 활발한 성향이다. 긍정적이고 낙천적이다. 자발적이며 적극적이고 밝고 명랑하여 소통의 달인이라 부를 만하다.

- 정서적으로 불안정할 때: 자기중심적이며 질투심이 있다. 자기를 드러내고 싶은 욕망 때문에 사람들과 갈등이나 다툼이 생겨 관계가 어색해지기도 한다.

- 활용: 다른 사람과 잘 어울려 지내고 싶을 때는 주황색을 활용하면 좋을 것이다. 현재 사람들과 갈등이 생기거나 사람들과 어울리기 싫고 우울하다면, 주황색을 써보자. 사람들과 갈등도 줄어들고 우울증에서도 벗어나게 될 것이다.

④직업 적성

정치, 경영, 건축, 스포츠 선수, 배우, 뮤지컬, 무용가, 개그맨, 공연, 오락, 이벤트, 예술가, 스턴트맨, 격투기, 패션모델, 에어로

빅, 연예, 연기, 방송, 운동, 정치, 무역, CEO

⑤무언의 메시지와 커뮤니케이션

주황색의 메시지는 다음과 같다. 활기차고 싶다, 사람들과 어울리고 싶다, 즐겁고 싶다, 에너지를 비축하자, 새로운 동기를 부여하자, 성과를 만들어내자.

⑥색으로 보는 나의 상태

다른 사람들과 소통하고 싶을 때, 다른 사람들과 어울려 행복을 느끼고 싶을 때, 자신에게 활력을 주고 싶을 때, 자신감 있는 결단을 내리고 싶을 때, 자신의 현재 감성에 맡기고 싶을 때

⑦과다와 거부

- 과다: 활력이 있고, 원기가 넘치며, 유쾌하고 만족하고 풍부하며, 적극적이다.

- 거부: 무기력하고, 침체되어 있고, 자신감이 저하된다.

⑧건강

자궁, 방광, 신장 등의 비뇨기 계통과 산부인과 계통, 갑상선 기능을 관장하여 생리불순, 자궁근종, 갑상선 항진증, 담석, 신장 결석 등을 활성화시킨다.

⑨**누가**

- 긍정적인 모습: 열성적인, 활동적인, 예술적인, 사교적인, 탐미적인, 감각적인, 감수성이 뛰어난, 대인 관계 원만한, 적극적인, 행동하는, 표현하는, 어울리는, 즐기는, 유쾌한, 낙천적인, 표현하는

- 부정적인 모습: 쾌락적인, 탐욕적인, 호색적인, 폭력적인, 변절하는, 배신하는

- 실제의 사람: 예술가, 극작가, 모험가, 디자이너, 스포츠맨, 요리사, 작가, 행사 기획 전문가, 개그맨, 코미디언, 재난 구조대, 해양 구조대, 소방대

⑩**언제**

- 시간과 계절: 한여름, 일출, 일몰, 석양, 가을, 수확기, 청춘, 축제, 연회, 공연, 행사

⑪**어디서**

- 방문하면 좋은 장소: 동남쪽, 공연장, 축제장, 경기장, 오락장, 야외 파티장, 행사장, 유람지, 관광지, 해변, 열대 지방, 레저센터, 헬스클럽

- 방문하면 나쁜 장소: 카지노, 불법 오락실, 홍등가

⑫무엇을

- 긍정의 키워드: 열정, 정열, 태양, 에너지, 왕성, 건강, 힘, 자신감, 성공, 창의적, 영감, 창조성, 사교성, 자유, 성취, 성공, 명랑, 풍요, 풍성, 기쁨, 환희, 열광, 행복, 낙관, 자신감

- 부정의 키워드: 야심가, 자유분방, 폭발, 쾌락, 흥분, 탐욕, 욕정, 성욕, 도취, 향락, 독선, 위선, 배신, 저속성, 음란, 광기, 화재

⑬어떻게

- 긍정적 마음과 행동: 열정적으로, 정열적으로, 행동으로, 모험하는, 에너지 충만하게, 집중해서, 낙천적으로, 사교적으로, 지혜롭게, 용감하게, 관대하게, 통 크게, 화끈하게, 즐겁게, 주도적으로, 친절하게

- 부정적 마음과 행동: 충동적으로, 쾌락적으로, 흥분하여, 무모하게, 자극적으로, 위선적으로, 안달하며, 초조하게

⑭왜

- 긍정적 이유: 합격, 당선, 승진, 성공, 승리, 영광, 경축, 축제, 공연, 낙관, 행복, 창의, 창작, 교육

- 부정적 이유: 욕망, 욕구, 흥분, 불륜

⑮예술 작품

- 그림: 앙리 마티스의 〈춤〉, 피터르 더 호흐의 〈델프트의 집 안

뜰〉, 빈센트 반 고흐의 〈과수원과 주황색 지붕이 있는 집〉, 모네의 〈해돋이 인상〉, 마크 로스코의 〈주황과 노랑〉, 폴 고갱의 〈자화상 – '레미제라블'〉,

　– 음악: 비틀스 멤버 조지 해리슨의 앨범 〈The Concert For Bangladesh〉 커버

● 노란색
– 토(土)

① 색상의 특성과 성정

노란색은 본래 긍정적이고 낙천적이며 관계 지향적이다. 기쁨, 이해심, 직관력, 통찰력을 가지는 색상이다. 평화롭고 즐거움과 기쁨을 불러오며 휴식을 가져다준다. 밝고 경쾌하고 가볍고 활발하고 지속성을 가져다준다.

노란색을 너무 과다하게 쓰거나 여기에 오래 노출되면 게을러지거나 초조해져서 분열 증세가 나타나기도 한다. 절박한 상태에서 벗어나고자 하는 결단의 시기, 결단의 상황을 맞이하고 있는 상태를 상징한다. 기쁨에 가득 찬 감정과 만족스러운 미래에 대한 기대감도 동시에 존재한다.

② 색상의 연상, 색상의 키워드

새롭게 시작하는, 도전하는, 혁신적인, 독창적인, 자유로운, 에

너지 넘치는, 따뜻한, 적극적인, 여유로운, 평화로운, 관계하는, 소망하는, 어울리는, 부드러운, 따뜻한, 적극적인, 여유로운, 평화로운

- 장점: 주의, 준비, 안전도, 중장비 차량, 태양, 빛, 밝음, 번창, 명랑, 쾌활, 적극적, 유쾌, 긍정적, 대인 관계, 지혜로움, 숙성됨, 풍요로움, 보호, 전등, 조화, 온화, 기쁨, 솔직, 사람 관계 무난, 외향적, 새로운 일에 관심, 왕권, 영광, 희망, 만남, 기대, 만족, 행복, 애교, 결단력이 있는, 의지력이 있는, 속이 깊은, 기대, 평화, 애정

- 단점: 배신, 이중성, 다중성, 비겁함, 악담, 불순함, 속을 모름, 위험, 경고, 독성 표시, 겁쟁이, 편견, 파괴, 외로움, 응석, 무질서한, 고집이 센, 산만한, 질투하는, 경박한

- 과일·채소: 바나나, 호박, 파프리카, 당근, 메밀, 치자, 참외

- 사물: 병아리, 유치원, 개나리, 봄, 어린이, 해바라기, 나비

③색상의 심리 활용

- 안정적일 때: 세상을 긍정적이고 여유롭게 바라보며 대인 관계는 폭넓고 원만하다. 사람들로부터 인정받고 주목받는 인기 있는 사람이 된다.

- 불안할 때: 질투가 심하고 자기 고집이 세다. 조직에서 갈등을 유발하고 아는 것을 표현하기를 좋아하고 잘난 척한다. 지식이나 정보를 얻기 위해 과도하게 친절히 접근하기도 한다.

- 활용: 타인들에게 인정받고 주목받고 싶거나 인기를 얻고 싶

을 때 노란색을 활용하면 좋다. 감정이 가라앉거나 소심해질 때
도 활용하면 좋은 색상이다.

④직업 적성

무역, 정치, 영업, 경영, 건축, 컨설턴트, 중매, 유통업, 스포츠
선수, 커뮤니케이션 관련 직종(아나운서 · 캐스터 · 패널리스트), 작가,
저널리스트, 영화(제작 · 감독 · 연출 · 출연), 연예, 예술, 방송, 오락,
이벤트, 패션, 카운슬러, 상담가, 교육가, 부동산업, 연예 기획, 농
업, 변호사, 역마(군인 · 항공사 스튜어디스 · 산악 · 여행가)

⑤무언의 메시지와 커뮤니케이션

마음속의 외침은 함께하고 싶다, 어울리고 싶다, 대화하고 싶
다, 친해지고 싶다 등이다. 의사소통에서 노란색은 새로운 변화
를 추구하며 욕망을 자극한다. 에너지를 솟구치게 하여 커뮤니
케이션을 활발하게 하며 감정을 활성화시킨다.

⑥색으로 보는 나의 상태

자신감이 넘칠 때, 기분이 매우 좋을 때, 자신을 알리고 싶을
때, 자신이 무엇을 할 수 있는지 주변에 말하고 싶을 때, 자신을
자극하고 싶을 때, 감정적으로 육체적으로 가라앉는 것을 방지
하고 싶을 때

⑦**과다와 거부**

- 과다: 평화를 추구하여 평온하고 안정적이다. 감정 표현을 적재적소에 적합하게 한다.

- 거부: 회피하거나 게을러지고 감정 표현이 서투르다.

⑧**건강**

간, 신장, 방광, 자궁, 우울증, 알레르기 등에 영향을 준다. 간 기능, 신장 기능 향상, 우울증 약화 기능이 있으며 운동 신경을 호전시킨다. 소화 기능이 원활해지고 운동 감각도 원활해진다. 알레르기 호전 등의 치료 효과를 발휘할 수 있다.

⑨**누가**

- 긍정적인 모습: 따뜻한, 명랑한, 부드러운, 대인 관계가 뛰어난, 적극적인, 낙천적인, 발랄한, 고집이 있는, 야망 있는, 포용력이 있는, 관용적인, 낙관적인

- 부정적인 모습: 방만한, 산만한, 변절하는, 속을 알 수 없는, 고집불통, 비겁한, 흥을 깨는

- 노란색과 어울리는 직업: 여행가, 무역인, 건축가, 부동산 중개인, 운동선수, 비행사, 스튜어디스, 정치인

⑩**언제**

- 시간과 계절: 환절기, 초가을, 초봄, 초여름, 초겨울

⑪**어디서**

 - 장소: 중앙, 중심, 핵심, 종교시설, 중국, 땅, 대지, 운동장

⑫**무엇을**

 - 긍정의 키워드: 표현력, 순발력, 관계성, 임기응변, 유머 감각, 사회성, 사교성, 명랑, 낙천, 도약, 원기 왕성, 평화, 야망, 끈기
 - 부정의 키워드: 경솔, 경박, 쾌락, 눈치, 질투, 모함, 실망, 배신, 비열, 기회주의, 거짓말, 허세, 과장

⑬**어떻게**

 - 긍정적인 마음과 행동: 독립적으로, 자주적으로, 활발하게, 적극적으로, 낙천적으로, 포용적으로, 평화적으로, 표현하며, 쾌활하게, 명랑하게, 열광적으로, 독창적으로
 - 부정적인 마음과 행동: 산만하고, 독점적으로, 고집으로, 회피하는

⑭**왜**

 - 긍정적인 이유: 명랑해서, 관계가 좋아서, 평화로워, 명쾌해서, 행복해서
 - 부정적인 이유: 불안해서, 산만해서, 공포가 있어, 고집불통이어서

⑮예술 작품

- 그림: 빈센트 반 고흐의 〈까마귀가 나는 밀밭〉, 〈해바라기〉,
〈아를의 침실〉, 〈가을 길〉

요하네스 페르메이르의 〈뚜쟁이〉, 〈우유를 따르는 여인〉, 〈여
주인과 하녀〉

프레데릭 레이턴의 〈유카리스: 과일 바구니를 인 소녀〉

브라이언 보마이슬러의 〈노란 십자가〉

- 영화: 로버트 제임스 윌러 원작 〈메디슨 카운티의 다리〉

- 소설: 프랑스 추리소설 가스통 르루의 《노란 방의 수수께끼》

● **초록색**

- 목+토(木+土)

①**색상의 특성과 성정**

초록색은 새싹이 돋아나는 초봄의 연두색으로부터 한여름 무
성한 나뭇잎의 진초록까지 자연의 시작과 무성함을 상징한다.
초록은 시원하고 신선하며 상쾌하다. 자연의 대표적인 색으로
치유, 치료, 위로 등의 작용이 있다.

무엇보다 초록색은 안정, 평화, 휴식, 위안 등의 작용이 강하
다. 새로운 출발, 새로운 생명의 탄생, 순수함, 순진함, 배려, 성장
에 대한 욕구 등이 나타난다. 생명력이 강하고 향상심이 있으며
건강하다. 너무 강한 초록색이나 장기간 노출된 초록색은 어둡

고 우울하다. 질투심과 예민함, 극단적 관계, 심신 허약 등의 특징이 나타나기도 한다. 피곤함을 회복하는 색, 기분을 안정시키고 안정감을 주는 색이기도 하다.

②색상의 연상, 색상의 키워드
- 장점: 안전, 생명, 비상구, 의료 장비, 환경 보호 운동, 채소, 경작, 봄, 평화, 자연, 대지, 풍요, 번창, 희망, 생명, 젊음, 청년, 신선함, 동정, 배려, 희망, 개혁, 부흥, 부활, 화해, 위로, 봉사, 고요함, 부드러움, 순수함, 균형, 성실, 솔직함, 도덕심, 예의 바름, 상상력 풍부, 연민, 치료, 치유, 위안, 안정, 풍요로운, 신선한, 평온한, 희망 있는, 안전한, 사리 판단이 있는, 따뜻한, 사려 깊은, 조절하는, 온순한, 친절한, 자제하는, 신중한, 생각하는, 자신을 돌아보는, 성숙한, 배려, 타인을 돕는, 창조하는, 치유하는, 참을성 있는, 성장력이 있는, 위안을 주는, 안정적인, 지성적인, 확실한, 공평한, 중성적인, 아늑한
- 단점: 질투, 경박함, 도덕적 타락, 반목, 재앙, 죽음, 피터 팬, 무서움, 어둠, 경계함, 거부함, 미숙한, 완고한, 반항하는, 규율을 거부, 감정을 표현하지 않는, 억압에 대항,
- 과일·채소: 청포도, 멜론, 풋사과, 개구리참외, 키위, 수박, 매실, 브로콜리, 양배추, 오이, 아보카도, 풋고추, 깻잎, 상추, 부추, 시금치, 녹차, 아스파라거스

③색상의 심리 활용

- 안정적일 때: 예의 바르고 품위가 있으며 끈기 있게 성장하는 능력을 발휘한다. 안정과 균형 그리고 꾸준한 성장과 변화를 추구해가는 능력이 있다.

- 불안할 때: 과도한 헌신과 집착적 베풂이 있거나 삶에 대한 거부 반응 등의 심리 상태를 가지게 된다. 또한, 가까운 사람들에게 엄격하게 도덕성을 요구하기도 한다.

- 활용: 휴식을 취하고 싶거나 심신의 안정을 찾고 싶을 때는 초록을 활용하면 좋다. 조직이 다툼이 심하거나 갈등이 있을 때, 갈등 조정을 하는 색이 초록색이다.

④직업 적성

교육, 복지, 사회단체, 문학, 여행, 인권 운동, 여행가, 정치, 의료, 의술, 자연요법, 예술, 원예, 상담, 심리, 자연보호, 문화, 마케팅, 언론, 교육, 의사, 법조, 상담, 사회복지, 친환경, 생물, 동물, 농업

⑤무언의 메시지와 커뮤니케이션

마음속의 외침은 도움이 되고 싶다, 힘이 되고 싶다, 성장하고 싶다, 인정받고 싶다 등이다. 초록색은 자애로운 행동을 만들어주고 정신적, 정서적 성장을 돕는다. 새로운 희망을 품고 싶을 때 유용한 색이다.

⑥색으로 보는 나의 상태

자신을 위로해주고 싶을 때, 다른 사람의 성장을 돕고 싶을 때, 다른 사람에게 희망을 주고 싶을 때, 사랑을 고루 나누어주고 싶을 때, 배려하고 친절을 베풀고 싶을 때, 다른 사람들에게 존재의 의미를 부여하고 싶을 때

⑦과다와 거부

- 과다: 감수성이 풍부하고 따뜻한 성품이다.
- 거부: 감수성이 메말라 있고 감정과 표현이 서투르다.

⑧건강

간 기능과 뇌 그리고 뼈를 자극하여 활력을 준다. 뇌척수액을 자극하여 교감신경계를 원활하게 한다.

⑨누가

- 긍정적 모습: 부드러운, 수줍은, 따뜻한, 소극적인, 배려하는, 친근한, 호감 있는, 순진한, 청순한, 유순한, 친화력 있는, 희망이 있는, 감성적인, 자비로운, 사랑스러운
- 부정적 모습: 철없는, 어설픈, 어리석은, 위축된, 부끄러운, 철부지, 나약한, 시샘하는, 우유부단한, 유약한
- 어울리는 모습: 소년, 어린이, 교육자, 사회사업가, 복지사, 종교인, 애인, 평화운동가, 환경운동가, 인권운동가

⑩언제

- 좋은 시간과 계절: 이른 봄, 이른 아침, 싹틀 때, 유년기, 청소년기, 사춘기, 시작하는 시기, 임신기, 연애 시절

⑪어디서

- 방문하면 좋은 장소: 숲, 공원, 식물원, 동물원, 유치원, 초원, 들판, 산, 강, 밭, 농장, 목장, 휴양소, 상담소, 절, 교회, 성당, 휴가지, 조용한 곳, 아무도 없는 공간, 기도실, 불우 이웃 돕기 행사장
- 방문하면 나쁜 장소: 피난처, 은신처, 도피처

⑫무엇을

- 긍정의 키워드: 탄생, 새싹, 시작, 출발, 교육, 지식, 지혜, 성실, 정직, 정의, 배려, 사랑, 자비, 우정, 동정심, 믿음, 마음, 의지, 자유, 순수, 순결, 투명, 유연성, 경청, 공감, 성장, 평화, 신중, 신뢰, 책임, 지혜, 촉감, 감각, 책임감, 하늘, 산소, 물, 천국, 명상, 순수, 순진, 상상력, 휴식, 진심, 진정성, 신비, 창조, 창의, 이상, 공동체, 공감, 경청, 관용, 포용, 청량, 청결, 평온, 평화, 초월, 소통, 대화, 표현, 생각
- 부정의 키워드: 무계획, 철없는, 무분별, 경솔, 미숙, 건성, 경솔, 우유부단, 집중력 부족, 도피, 회피, 낯가림, 냉담, 무관심, 눈치, 우울, 슬픔, 무관심, 가벼운, 공허함, 자기애 부족, 구설수

⑬어떻게

- 긍정의 마음과 행동: 따뜻하게, 배려하는, 성장하는, 양육하는, 도와주는, 신뢰하는, 신중한, 책임감 있는, 침착한, 진정성 있는, 창의력 있는, 여유 있는, 안정감 있는, 성실한, 조용한, 시원한, 상쾌한, 차분한, 고요한, 진지한, 평화로운, 인내심이 있는, 교감하는, 소통하는, 이타심 있는, 공동체 의식, 공공성을 추구하는, 진중한, 심사숙고하는, 권위 있는, 존경심 있는, 성찰하는, 통찰력이 있는, 심오한, 직관력이 있는, 원숙한, 영감이 발달한, 명예를 추구하는

- 부정의 마음과 행동: 경솔한, 우유부단한, 집중력이 부족한, 가벼운, 소심한, 자기 주관이 부족한, 실속이 부족한

⑭왜

- 긍정의 이유: 이타심이 강해, 명예를 추구하여, 성실해서, 믿음성 있어, 소통하여, 배려하여, 평화주의자라, 책임감이 강해서, 공감하여, 경청하여, 반성하는, 성찰하는, 순진하여, 순수하여, 침착하여, 산뜻하여, 너그러워, 조화로워, 평화로워, 자유로워서, 토론하며, 감성적으로, 창의력이 뛰어나

- 부정의 이유: 반목하여, 불화하여, 불안정하여, 무계획하여, 무분별하여, 낯가림이 심해, 회피하여, 애매하여, 경솔하여, 비현실적으로, 수동적이어서, 냉정하여, 침묵하여, 관리 능력이 부족하여

⑮예술 작품

- 그림: 세잔의 〈목욕하는 사람들〉, 〈큰 소나무〉, 〈생트 빅투아르 산〉,

페르메이르의 〈진주 귀고리를 한 소녀〉, 〈열린 창가에서 편지를 읽는 여인〉

클림트의 〈아델레 블로흐 바우어의 초상 Ⅱ〉

고갱의 〈녹색의 그리스도〉,

엘스워스 켈리의 〈파랑, 녹색, 빨강〉

조르주 쇠라의 〈그랑드 자트 섬의 일요일〉

- 소설:《피터 팬》영국 소설가 J.M 베리의 작품. 주인공 '피터 팬'은 어른이 되지 않는 나라로 달아나 숲속에서 요정들과 살며 모험을 한다. 영원한 어린이 피터 팬은 녹색 옷을 입고 있다.

● **파란색**

- 목(木)

①색상의 특성과 성정

많은 사람이 좋아하는 색상이다. 상쾌하고 시원하며, 신비로움을 간직하고 있으며 창조성, 창의성, 명료성이 강한 색이다. 심신의 안정감과 회복력을 상징한다. 한편으로는 냉정함, 신비로운 색상으로 표현하기도 한다. 파랑은 진실함, 희망적인, 긍정적이고 조화로운 색이기도 하다. 자신의 감정을 쉽게 드러내지 않지만 내면에 따뜻한 열정과 부드러운 배려와 성장의 기운이 담겨 있다. 멀리에서 보는 하늘, 정글, 바다와 같은 느낌으로 겉으로는 아주 조용하고 침착하고 안정적이어서 진정의 효과가 있다. 너무 과도한 파랑은 우울, 생각 없는 배려, 쓸데없는 헌신, 과도한 욕구 등이 나타날 수 있다.

②색상의 연상, 색상의 키워드

고요한, 의지할 수 있는, 순종, 수동적인, 꿈이 많은, 침착함, 적응력, 뛰어난 직관력, 지혜로운, 이지적인, 이상적인

- 장점: 바다, 하늘, 물, 봄, 신선함, 시원함, 동경, 초월성, 명랑함, 자상함, 낭만, 순수, 상쾌함, 차가움, 신비함, 내향적, 감수성 예민, 강력한 신념, 양심적, 재능, 창조성, 배려, 성장, 평화, 종교적인, 신성함, 여성성이 있는, 자비로운, 배려하는, 헌신적인, 의리, 순수한, 변함없는, 성장하는, 정직함, 모성애, 돌보는

- 단점: 비현실적, 추상적, 냉정, 독단적, 자기 고집, 비상식적인 헌신, 우울한, 의무감에 시달리는, 긴장하는, 공상적인, 움츠리는, 고독, 불안, 내성적

- 과일·채소: 청상추, 블루베리

- 사물: 드넓은 태양, 시원한 그늘, 맑게 갠 하늘

③색상의 심리 활용

- 안정적일 때: 깊이 생각하고 안정적이며 철학적이다. 인간

중심적이어서 배려가 많고 타인에 대한 애정이 깊다. 자유주의자이면서 성장주의자로서 은근한 끈기와 욕구로 완성해나가는 힘이 있다.

 - 불안정할 때: 자신의 감정을 잘 드러내지 않고 자존감이 낮다. 주변 눈치를 많이 보고 감상적이 되고 우울해진다. 자기 관리가 부족하고 방만해져 자포자기하거나 일의 진척이 더디다.

 - 활용: 감정이 들뜨거나 안정적이지 못할 때나 일에 쫓기거나 너무 많은 스트레스가 있을 때 활용하면 좋은 색상이다. 휴식을 취하거나 독서 중에도 사용하면 좋다. 마음을 소통하고자 하는 사람과 만남에서도 활용하면 좋다.

④직업 적성

교육, 경영, 정치, 법조, 사업, 방송, 복지, 작가, 언론, 기획, 광고, 음악, 미술, 사회복지, 종교, 출판, 상담 심리, 친환경, 여행, 농업

⑤무언의 메시지와 커뮤니케이션

마음속의 외침은 타인의 성장을 돕고 싶다, 배려하고 싶다, 인정받고 싶다, 성장하고 싶다 등이다. 파란색은 스스로 감정을 조절할 수 있고 에너지를 좋은 방향으로 전환시킨다. 또 이타심이 생기고 인정받고자 하는 기질을 자극한다.

⑥**색으로 보는 나의 상태**

다른 사람들의 인정을 받고 싶을 때, 다른 사람의 멘토가 되고 싶을 때, 일의 능력을 보여주고 싶을 때, 현명하고 자상함을 보여주고 싶을 때, 주변 사람들에게 용기 있고 자신감 있는 사람임을 보여주고 싶을 때, 과도한 행동을 자제하고 싶을 때

⑦**과다와 거부**

- 과다: 자신의 감정을 절제하고 상대에 대해 배려하는 따뜻한 인정이 있다.

- 거부: 자신의 감정을 조절하지 못하고 질투하고 갈등한다.

⑧**건강**

간 기능, 뼈, 근육을 자극하고 관장한다.

⑨**누가**

- 긍정적인 모습: 신비로운, 긍정적인, 부드러운, 따뜻한, 배려하는, 희망적인, 성장하는, 명예를 소중하게 생각하는, 불의에 저항하는, 자유를 추구하는, 헌신하는, 시원한, 희생하는

- 부정적인 모습: 독단적인, 비현실적인, 무계획한, 의무감에 시달리는, 자신을 희생하는, 비상식적인, 행복 집착증과 공포증이 있는

⑩언제

- 시간과 계절: 봄, 아침, 하늘이 푸른 날, 맑은 날, 화창한 날, 기분 좋은 날

⑪어디서

공원, 숲속, 산림, 시골, 바다, 산골, 농촌, 전원주택, 물가, 강, 바다

⑫무엇을

- 긍정의 키워드: 봄, 아침, 청명함, 상쾌, 명랑, 신비, 차가움, 시원함, 고요한, 물, 바다, 강, 산, 하늘, 자비, 배려, 사랑, 자유, 평화, 여성성, 헌신, 의리, 순수, 모성, 정직
- 부정의 키워드: 냉정, 독단, 우울, 고집, 비현실, 내성적, 고독

⑬어떻게

- 긍정적 마음과 행동: 신비로운, 창의적인, 인간적인, 침착한, 정이 많은, 모성애가 있는, 희망적인, 긍정적인, 돌보는, 함께하는, 전체를 생각하는
- 부정적 마음과 행동: 냉정한, 쓸데없이 헌신하는, 사랑에 집착하는

⑭왜

－긍정적 이유: 따뜻해서, 모성애가 많아서, 정이 많아서, 희망적이어서, 정직해서, 돌보아주려고

－부정적 이유: 냉정해서, 집착해서, 희생해서, 추상적이어서

⑮예술 작품

－그림: 마르크 샤갈의 〈서커스의 약혼자들〉, 〈파리 하늘 아래의 신랑과 신부〉

마티스의 〈푸른 누드〉, 〈폴리네시아 바다〉

빈센트 반 고흐의 〈아를르의 포름 광장의 카페 테라스〉, 〈별이 빛나는 밤에〉

앵그르의 〈브로이 공작부인〉

피카소의 〈기타 치는 노인〉

－문학: 괴테의 《색채론》 "우리가 저 멀리 사라져가는 매력적인 사물을 잡고 싶은 것처럼 파란색을 보고 있으면 빠져들게 된다. 우리가 파란색에 매력을 느끼기 때문이 아니라 파란색이 우리를 끌어당기기 때문이다."

노발리스의 시 〈푸른 꽃〉

－영화: 뤽 베송의 〈그랑블루〉

－음악: 조지 거슈윈의 피아노 협주곡 〈랩소디 인 블루〉

● 보라색

- 화+목(火+木)

①색상의 특성과 성정

품격과 품위가 있고 고상하고 우아함이 함께한 색이다. 두려움과 공포를 해소하고 불안한 마음을 정화시키는 역할을 한다. 정서적, 정신적 안정감을 준다. 감수성과 감각을 확장시키고 조절해준다. 예술성과 신앙심을 배가시키는 특성이 강하다. 우아하고 화려하며 풍부한 기운이 강하고 위엄 있고 장엄하다.

②색상의 연상, 색상의 키워드

- 장점: 우아함, 풍부함, 화려함, 고귀함, 예술성, 신앙심, 고상함, 품격 있음, 위엄이 있음, 장엄함, 현명함, 감수성이 풍부함, 직관적인, 감각적인, 섬세한, 신비로운, 재능이 뛰어난, 신성한, 지능이 높은, 응용력이 강한, 창의성이 있는,

- 단점: 슬픔, 고독함, 외로움, 비애, 불만이 있는, 질투심, 광기가 넘치는, 공포심이 있는, 분노하는, 욕구 불만인, 불안정한, 고집이 센, 어울리지 못하는, 애정의 욕구가 심한, 불안한, 경솔한

③색상의 심리 활용

- 안정적일 때: 자신감이 있고 화사하고 화려하다. 고귀한 인품과 행동으로 창의성과 창조성이 풍부하게 발휘하는 색이다.

－ 불안할 때: 우울하고 쉽게 상처받고 감정의 기복이 심해서 이중적이고 다중적인 성격이 나타난다. 또 자신을 조절할 수 없는 복잡함이 존재한다.

－ 활용: 몸과 마음이 피로하다거나 스트레스를 받고 있을 때 활용하면 좋은 색이다. 보라에는 빨간색의 열정적 에너지와 파란색의 자유롭고 인정받고 싶은 에너지가 공존한다. 감각과 직관이 공존하는 보라색은 정신적인 안정감과 적당한 자신감을 북돋아준다.

④직업 적성

연예, 예술, 무용, 미술, 패션, 정신과의사, 상담사, 방송, 연예, 음악, 철학, 인테리어 디자이너, 헤어 디자이너, 패션 디자이너, 컬러 분석, 교육, 상담 심리, 영성, 종교, 역학자, 타로 전문가, 미래학자

⑤무언의 메시지와 커뮤니케이션

마음속으로 외치는 소리는 인정받고 싶다, 위로가 필요하다, 사람이 그립다, 자유로운 영혼이 되고 싶다, 나만의 공간이 필요하다 등이다. 보라색은 로맨틱한 정서를 키우고 변화를 만들며 감수성을 향상시키며 창의력과 상상력을 키운다.

⑥색으로 보는 나의 상태

설렘을 유지하고 싶을 때, 첫사랑이나 짝사랑이 생겼을 때, 자신만의 분위기를 즐기고 싶을 때, 타인의 사랑을 독차지하고 싶을 때, 센티멘털하고 감정의 기복이 심할 때, 자기 감정을 자기도 잘 모를 때.

⑦과다와 거부

- 과다: 극단적 과다는 조증과 울증이 번갈아 나타나고 사회적응력이 떨어지고, 적당한 과다는 감수성이 뛰어나고 예술성과 창의성이 풍부해진다.

- 거부: 자신감이 떨어지고 자존감이 낮아지며 타인의 뒷말을 많이 하게 된다.

⑧건강

백혈구, 정신 질환, 감수성을 조절하고 관장한다.

⑨누가

- 긍정적인 모습: 로맨틱한, 호기심이 가득한, 우아한, 매력적인, 신비한, 세련된, 섬세한, 호감 가는, 품위 있는, 품격 있는, 고상한, 고매한, 예술성 있는, 창의력 있는

- 부정적인 모습: 가벼운, 몽상적인, 자제력이 부족한, 본능에 이끌리는, 유혹에 끌리는, 방황하는, 비현실적인, 좌절하는

- 실제의 사람: 예술가, 종교가, 교육자, 영성가, 상담가, 패셔니스타, 디자이너

⑩언제
- 시간과 계절: 환절기, 새벽, 석양, 춘분, 추분, 초겨울, 노년의 시작, 부활절, 생리 시기, 배란기, 고독할 때, 우울할 때

⑪어디서
- 방문하면 좋은 곳: 타국, 타지, 객지, 지평선, 수평선, 사원, 성당, 교회, 절, 수도원, 수녀원, 박물관, 미술관, 공원, 요가원, 상담실
- 방문하면 나쁜 곳: 병원, 정신병원, 영안실, 심령 세계, 나이트클럽, 고급 술집

⑫무엇을
- 긍정의 키워드: 고귀, 고급, 고상, 고결, 고매, 품격, 품위, 위엄, 존엄, 우아, 신비, 세련, 로맨틱, 명품, 영성, 종교, 예술, 의학, 역학, 꿈, 몽상, 예지, 휴식, 기품, 환상, 지혜, 창의성, 감성, 사랑, 예지력, 초능력, 초연, 초월
- 부정의 키워드: 유혹, 갈등, 비정상, 콤플렉스, 불안, 분열, 방황, 주저, 복종, 체념, 좌절, 포기, 자신감 결여, 미숙, 침전, 도취, 중독, 시련, 우울, 희생, 비밀, 수난, 고독, 망설임, 주저, 애매, 모호, 유약, 나약

⑬**어떻게**

- 긍정적인 마음과 행동: 품위 있는, 매력 있는, 자비로운, 섹시한, 기품 있는, 창조적인, 예술적인, 우아한, 로맨틱한, 환상적인, 창의적인, 감성적인, 감각적인, 사랑스러운, 예지력이 있는, 고상한, 신비로운, 독특한

- 부정적인 마음과 행동: 혼란한, 질투하는, 비밀을 간직한, 신비한, 감정 기복이 심한, 너무 독특한, 튀는, 도드라진

⑭**왜**

- 긍정적인 이유: 매력적이어서, 품위 있어서, 섹시해서, 품격 있어서, 창조적이어서, 로맨틱해서, 창의성이 있어서

- 부정적인 이유: 혼란스러워서, 감정의 기복이 커서, 너무 튀어서, 질투해서, 음란해서, 감정 조절이 부족해서

⑮**예술 작품**

- 그림

클로드 모네의 〈화가의 지베르니 정원〉, 패트릭 헤론의 〈보라색, 주홍색, 에메랄드, 레몬 그리고 베네치아풍의 카드뮴〉, 클림트의 〈에밀리 플뢰게〉, 피터르 브뤼헐의 〈장님의 우화〉

● 흰색

－금(金)

① 색상의 특성과 성정

흰색은 순결함, 순수함, 투명함, 원칙, 완벽함의 색이다. 미래나 일의 계획이 흰색처럼 잘 정리 정돈되어 있어야 하며 준비되고 계획된, 빈틈없고 자신의 감정이 잘 드러난 상태를 말한다. 청결하고 하얀, 맑은, 티끌을 허용하지 않는 색이다.

② 색상의 연상, 색상의 키워드

근원적인, 근본적인, 질서 있는, 신성한, 확실한, 숭고한, 성스러운, 결백한, 기계적인, 손재주가 있는, 성실한, 집중하는, 충실한, 깔끔한, 고결한, 결백한

－장점: 청결, 위생, 병원, 위생복, 순정, 순진, 맑음, 청순, 순결, 종교, 회개, 정확, 성숙, 신중, 겸손, 단념, 회상, 단호함, 완벽, 개혁, 혁명, 결단, 빛, 밝음, 선함, 신, 깨달음, 부활, 영적임, 지혜, 엄격함, 깨끗함, 명료함, 시원함, 솔직함, 순수함, 절대적 자유, 긍정적, 투명성

－단점: 추움, 유령, 무감각, 차가움, 감정의 결여, 엄격함, 경직됨, 공허함, 절망감, 금욕적인, 흰 눈, 무기력한, 고지식한, 고집이 센, 자기 아집이 강한, 집착하는, 결벽증이 있는

－과일·채소: 마늘, 버섯, 콩나물, 양파, 도라지, 무, 감자, 바나

나, 옥수수

   - 사물: 병원, 위생복

③색상의 심리 활용

   - 안정적일 때: 주변 환경에 흔들리지 않고 침착하고 여유롭고 냉정하게 자신을 통제한다. 모든 일에 초월한 듯, 욕망을 버리고 순수하고 밝은 정신으로 능숙하게 전진한다.

   - 불안정적일 때: 완벽한 것에 집착하고 결벽 등의 행동으로 자신과 주변 사람들을 피곤하게 하고 매사에 지적과 비판을 하며 실수를 용서하지 못한다.

   - 활용: 혼란스럽고 복잡할 때, 자신의 감정을 억누르고 비워야 할 때 활용하면 좋다.

④직업 적성

   종교, 공학(컴퓨터, 기계, 로봇), 디자이너, 조각가, 요리사, 헤어 디자이너, 언론, 방송, 군인, 경찰, 철학, 정치, 학술, 연구, 작가, 과학자, 의술, 의료, 스포츠, 개그, 코미디, 웨딩 플래너

⑤무언의 메시지와 커뮤니케이션

   스트레스가 있다, 타인과 얽히고 싶지 않다, 나만의 공간이 필요하다, 감정의 기복이 심하다 등이다. 이때 흰색을 응용하면 새로운 아이디어가 솟아나면서 상상력이 발달한다. 편안하고 안정

적인 감정이 생기며 스트레스가 완화된다.

⑥색으로 보는 나의 상태

자신 감정을 억제하고 싶을 때, 깔끔하고 빈틈없는 모습을 보이고 싶을 때, 순수하고 맑은 모습을 강조하고 싶을 때, 종교적이거나 지적인 면을 드러내고 싶을 때, 권위와 기품을 보여주고 싶을 때

⑦과다와 거부

- 과다: 과도한 사용은 현실 사회를 거부하고 자기 폐쇄나 단절을 가져온다. 적당한 사용은 계획성과 완성도가 높아지고 실수 없이 깔끔한 능력을 발휘한다.
- 거부: 자기 통제, 자기 억제가 부족하고 맺고 끝내는 것이 없이 산만하다.

⑧건강

대장, 폐, 정신 질환, 전신 마비를 포함한 기능장애 등을 관장한다.

⑨누가

- 긍정적인 모습: 완벽한, 계획하는, 단순한, 단조로운, 정리하는, 정돈하는, 순수한, 집중하는, 순진한, 마무리를 잘하는, 완성

하는, 집중력 있는, 책임감 있는, 분석력 있는, 일관성 있는, 구조화하는, 구체적인, 정확한, 정직한, 솔직한, 진정성이 있는, 냉정한, 정의로운, 냉철한, 신중한, 끈기 있는, 잔잔한, 정적이 흐르는, 과묵한, 신중한, 침묵하는, 숙고하는, 성찰하는, 신념 있는, 현실적인, 사명감이 있는

 - 부정적인 모습: 극단적인, 결벽증이 있는, 잔소리하는, 창백한, 감각이 없는, 까칠한, 냉정한, 냉혹한, 자책하는

 - 어울리는 직업: 성직자, 종교인, 신학자, 철학자, 과학자, 권력자, 영적 지도자, 교육자

⑩언제

 - 시간과 계절: 가을, 저녁, 해질 무렵, 석양, 백야, 죽음 시기, 임종, 공백기, 휴가기, 연구 시기, 정리 정돈 시기, 휴식기, 공백기, 태어날 때

⑪어디서

 - 방문하면 좋은 장소: 서쪽, 바위, 종교 시설(성당, 절, 교회), 수련장, 기도원, 도서관, 병원, 사막, 세미나실, 회의실, 연구실, 세탁소
 - 방문하면 나쁜 장소: 영안실, 불모지, 전쟁터

⑫무엇을

 - 긍정의 키워드: 눈, 흰 구름, 가을, 낮, 백합, 금(金), 백야, 다이

아몬드, 금속, 소금, 빛, 순결, 순수, 고상, 품격, 기품, 매력, 세련, 깔끔, 절제, 계획, 진리, 정의, 지혜, 정직, 결백, 공정성, 완벽, 결단, 통찰력, 현실적, 이성적, 명확, 명료, 숭고함, 청결, 정결

- 부정의 키워드: 결벽, 독선, 독재, 아집, 고집, 비판, 무관심, 공포, 극단, 차가움, 자기중심, 이기적, 냉정, 냉담, 냉혹

⑬어떻게

- 긍정적인 마음과 행동: 깔끔하게, 청결하게, 정결하게, 순수하게, 순진하게, 완벽하게, 경건하게, 신성하게, 성실하게, 정직하게, 신의 있게, 믿음성 있게, 세련되게, 정돈되게, 빈틈없이, 현실적으로, 이성적으로, 명료하게, 명확하게, 정확하게, 냉철하게, 냉정하게

- 부정적인 마음과 행동: 냉정하게, 냉담하게, 무관심으로, 냉혹하게, 비판적으로, 독재적으로, 결벽증으로, 이기적으로, 자기중심적으로, 잔소리하며

⑭왜

- 긍정적인 이유: 정직해서, 순수해서, 깔끔해서, 완벽해서, 경건해서, 근엄해서, 품격 있어, 고귀해서, 정리 정돈을 잘해서, 확실해서

- 부정적인 이유: 고집이 세서, 이기적이어서, 잔소리가 심해, 비판적이어서, 빈틈이 없어, 냉혹해서, 자기중심적이어서

302

⑮예술 작품

- 그림: 제임스 애벗 맥닐 휘슬러의 〈백색 교향곡 2번-흰옷을 입은 소녀〉, 장 바티스트 오드리의 〈흰 오리〉, 존 싱어 사전트의 〈분수, 토를로니아 빌라, 프라스카티, 이탈리아〉, 몬드리안의 〈국화〉
- 영화: 스티븐 스필버그의 〈쉰들러 리스트〉

●검은색

- 수(水)

①색상의 특성과 성정

검은색은 흰색의 반대색으로 빛이 없는 색이다. 밤처럼 캄캄하고 어둠을 상징해 점잖음과 슬픔, 원대와 암흑, 중후와 사악, 금욕과 걱정, 신비와 추모 등 서로 통하지 않을 것 같은 여러 가지 상징이 공존하는 색이다. 조용하면서도 쓸쓸하며 신중하면서도 걱정이 많은 색이다.

②색상의 연상, 색상의 키워드

- 장점: 담대함, 엄격함, 위엄 있음, 결단력, 장엄함, 신중함, 원대함, 인내력, 상상력, 창의력, 신비함, 정숙함, 금욕적임, 무의식, 조용함, 진지한, 겸손한, 지능이 높은, 생각이 많은, 수리력이 뛰어난, 생각이 깊은, 섬세한, 조심성

- 단점: 불안함, 죽음, 두려움, 캄캄함, 암흑, 죽음, 상복, 그림자, 지옥, 부정, 악마, 슬픔, 후회, 쓸쓸함, 걱정이 가득함, 금지됨, 무모함, 사후세계, 위축된, 근심이 많은, 공포심, 눈치를 보는, 자신감이 부족한, 예민한, 절망, 침묵하는, 억제하는, 압박하는
  - 과일·채소: 김, 미역, 버찌, 가지, 검은콩, 건포도, 아로니아
  - 사물: 상복, 지옥

③색상의 심리 활용
- 안정적일 때: 도전적이고 권위적이며 자신감이 가득하고 적극적이어서 매사에 자신감이 넘치고 감각이나 감수성도 뛰어나 새로운 아이디어나 창의력이 발휘되는 상태가 된다.
- 불안정적일 때: 감정이 복잡하고 긴장하고 두려움이 몰려오고 혼란스럽고 불안한 상태가 된다. 죽음과 같은 두려움, 우울감과 절망감이 가득한 상태이다.
- 활용: 자신의 감정을 드러내지 않고 조용하고 평온한 상태를 유지하고 싶을 때 활용하면 좋은 색상이다. 자신을 강하게 단련시킬 때 활용해도 좋은 색상이다.

④직업 적성
작가, 수학자, 과학자, 교육자, 건축 설계, 디자이너, 공무원, 경찰, 군인, 연구, 교육, 회계, 감리, 분석, 정보, 통신, 컴퓨터, 통계, 경제, 금융, 상담 심리, 역학자, 타로 상담사, 정치인, 법조, 정치,

감사, 감독, 언론

⑤무언의 메시지와 커뮤니케이션

자신만의 공간에 있고 싶다, 안전한 공간이 좋다, 생각이 많다, 걱정이 많다 등이다. 흰색을 잘 활용하면 생기는 장점은 다음과 같다. 아이디어가 많아진다, 상상력이 풍부해진다, 차분한 감정이 생긴다, 안정적인 편안함이 생긴다, 외부의 스트레스가 줄어든다 등.

⑥색으로 보는 나의 상태

자신의 감정을 누르고 싶을 때, 힘이나 자신감을 드러내고 싶을 때, 타인을 위로하고 싶을 때, 안정되고 안전한 심리 상태를 유지하고 싶을 때, 세련되고 깔끔한 이미지를 보여주고 싶을 때, 지적이고 유식함을 과시하고 싶을 때

⑦과다와 거부

- 과다: 극도의 과다일 때, 자신감이 없어지고 무기력과 부적응이 강하게 나타난다. 적당히 과다하면 창의성과 상상력, 감수성 등이 좋아지고 암기력도 향상된다.
- 거부: 자기 억제나 자기 통제 능력이 떨어져 사회에서 갈등을 유발할 수 있다.

⑧건강

신장, 방광, 자궁 등의 산부인과, 비뇨기과를 관장하고 가려움증, 습진, 피부병, 불면증, 두통 등을 관장한다.

⑨누가

- 긍정적인 모습: 생각이 많은, 정보력이 많은, 수집하는, 억제된, 상상력이 뛰어난, 배려하는, 신중한, 진중한, 모험하는, 낙천적인, 성공하고픈, 욕망이 큰, 꿈이 큰, 창의력이 있는, 차분한, 조용한, 진지한, 성숙한, 사색하는

- 부정적인 모습: 걱정이 많은, 소심한, 여유롭지 못한, 고독한, 우울한, 폐쇄적인, 어두운, 자신감이 부족한, 수동적인, 타인의 눈치가 심한, 생각을 알 수 없는, 쾌락을 추구하는, 한 방을 노리는, 욕망이 강한, 소극적인, 쉽게 친하기 어려운, 차분한, 과묵한, 자기주장이 없는, 거짓말하는, 혼란스러운, 염세주의

- 어울리는 직업: 수학자, 과학자, 금융인, 문학가, 음악가, 예술가, 염세주의자

⑩언제

- 시간과 계절: 겨울, 한밤중, 동지, 폐막, 끝, 장례식, 상중(喪中), 소멸, 멸망, 절망, 잠복, 잠적, 은폐, 은닉, 은둔, 명상, 휴식, 휴면, 침묵, 이별, 우울, 슬픔, 파업, 음모, 불행, 생각, 부활, 새로운 시작, 상상력, 창의력

⑪어디서

- 방문하면 좋은 장소: 북쪽, 북극, 컴컴한 곳, 어두운 곳, 미지의 세계, 상상의 세계, 보이지 않는 세계, 깊은 곳, 지하, 바다 깊은 곳, 동굴, 밀림, 밤하늘, 비밀의 장소, 수도원, 기도원, 명상실, 작업실

- 방문하면 나쁜 장소: 밀폐된 곳, 감옥, 지옥, 피난처, 은신처, 외부와 차단된 곳, 병원, 장례식장, 영안실, 쓰레기 매립장, 도축장, 정보부, 감찰부, 감사원, 암흑가

⑫무엇을

- 긍정의 키워드: 상상력, 창의력, 정보 수집, 생각, 저장, 아이디어, 명상, 첨단 기술, 탐구, 발견, 창작, 신앙, 신비, 잠재 능력, 휴식, 수면, 안정, 회개, 엄중, 장엄, 고상, 침묵, 인내, 엄격, 진지, 신중, 미지의 세계, 내면세계, 잠재의식, 무의식, 신비주의

- 부정의 키워드: 검정, 불안, 불평, 고민, 절망, 실망, 좌절, 슬픔, 비극, 위험, 위기, 분노, 반항, 배반, 반역, 반란, 불행, 불운, 혼란, 혼돈, 끝, 종말, 부정, 포기, 고독, 고립, 속임, 은닉, 감춤, 거짓, 은폐, 의심, 의혹, 음모, 음해, 흑심, 비관, 복종, 비밀, 신비, 심령

⑬어떻게

- 긍정적인 마음과 행동: 신중하게, 심오하게, 진지하게, 생각하며, 깊이 있게, 고상하게, 기품 있게, 사고하며, 창작하며, 아이

디어를 가지고, 성실하게, 모험하며

   - 부정적인 마음과 행동: 은밀하게, 거짓으로, 장막을 치고, 부정적으로, 극비리에, 슬픔으로, 좌절하며, 절망하고, 포기하고, 맹목적으로, 과대망상으로, 수동적으로, 음험하게, 음모적으로, 걱정으로, 혼돈스러운

⑭**왜**

   - 긍정적인 이유: 생각하느라, 신중하여, 새로운 아이디어가 떠올라, 창의력이 발동해, 감수성이 뛰어나, 연구하느라, 공부하느라, 정보를 수집하느라, 상상력이 뛰어나, 고상해서, 품격 있어, 배려하여, 따뜻하여, 포근하여, 안정감이 있어, 생각이 많아

   - 부정적인 이유: 걱정하느라, 불안하여, 불만이 많아, 좌절하여, 분노하여, 슬퍼서, 깜깜하여, 고독해서, 이별해서, 허무해서, 부정적이어서, 비밀이 있어서

⑮**예술 작품**

   - 그림: 제임스 휘슬러의 〈휘슬러의 어머니〉, 에드 라인하르트의 '블랙 페인팅' 시리즈, 루벤스의 〈자화상〉, 라파엘로 산치오의 〈자화상〉

참고 문헌

단행본

고을환 지음, 《디자인을 위한 색채계획》, 미진사(1994)

구미래 지음, 《한국인의 상징세계》, 조형사(1992)

권영걸 지음, 《색색가지 세상》, 국제(2001)

_____, 《색채와 디자인 비즈니스》, 국제(2006)

_____, 《권영걸 교수의 공공디자인 산책》, 사미현(2008)

권영걸·김현선 지음, 《쉬운 색채학》, 날마다(2011)

권영걸·지상현 지음, 《이제는 색이다》, 국제(2002)

권은숙 지음, 《색으로 승부하는 21세기》, 웅진출판(1995)

금강기획 지음, 《색채와 마케팅》, 금강서원(1994)

길라 발라스 지음, 한택수 옮김, 《현대 미술과 색채》, 궁리(2002)

김공주 지음, 《색채 과학》, 대광서림(1999)

김규원 지음, 《문화영향평가 해외사례 조사연구》, 한국문화관광정책연구원(2003)

김금안 지음, 《색채 심리》, 솔과학(2007)

김길권 지음, 《아동 미술의 이해와 지도》, 양서원(2006)

김동완 지음, 《사주명리학》 시리즈 1~9권, 동학사(2006-2010)

_____, 《인생 코칭을 위한 오행중심 용신활용 사주학》, 동학사(2019)

김민경 지음, 《튀는 색깔이 뜨는 인생을 만든다》, 명진출판(1999)

김민자 지음, 《복식미학 강의 1》. 교문사(2004)

김선현 지음, 《마음을 읽는 미술치료》. 넥서스BOOKS(2006)

_____, 《컬러가 내 몸을 바꾼다》. 넥서스BOOKS(2009)

_____, 《임상미술치료학》, 계축문화사(2009)

_____, 《임상미술치료의 이해》, 학지사(2010)

_____, 《색채심리학》, 이담북스(2013)

김영균 지음, 《보완 대체 의료》, 늘푸른(2004)

김유순 지음, 《색채와 색채진단》, 예림(2004)

김재은 지음, 《그림에 의한 아동의 심리진단》, 교육과학사(2002)

김정혜 지음,《패션이 사랑한 미술》, 아트북스(2005)

김종국 지음,《영화색채미학》, 커뮤니케이션북스(2006)

김주경 지음,《컬러 스토리》, 교문사(2010)

김진한 지음,《색채의 원리》, 시공사(2002)

김학성 엮음,《디자인을 위한 색채》, 조형사(1988)

김효숙 외 지음,《현대사회와 패션》, 건국대학교출판부(2009)

김훈철·장영렬 지음,《컬러 마케팅》, 국제(2002)

노무라 준이치 지음, 김미지자 옮김,《색의 비밀》, 국제(2006)

다카시나 슈지 지음, 신미원 옮김,《명화를 보는 눈》, 눌와(2002)

데이비드 콜즈 지음, 김재경 옮김,《컬러의 역사》, 영진닷컴(2020)

도널드 A. 노먼 지음, 이창우·김영진·박창호 옮김,《디자인과 인간 심리》, 학지사(1996)

도쿄상공회의소 지음, 이미경 옮김,《컬러코디네이션의 실제 환경색채》, 휴앤즈(2007)

루이지나 드 그랑디스 지음, 박돈서 외 옮김,《색채이론과 응용》, 국제(2000)

린다 홀츠슈에 지음, 윤희수 옮김,《색채의 이해》, 미술문화(1999)

릴리안 베르너 본즈 지음, 한창환 옮김,《몸과 마음을 치료하는 색채》, 국제(2008)

매이틀랜드 그래이브스 지음, 배만실 옮김,《디자인과 색채》, 이화여자대학교출판문화
　　　원(1965)

모턴 워커 지음, 김은경 옮김,《파워 오브 컬러》, 교보문고(1996)

문은배 지음,《색채의 이해와 활용》, 안그라픽스(2005)

미셸 파스투로 지음, 고봉만·김연실 옮김,《블루, 색의 역사》, 한길아트(2002)

바실리 칸딘스키 지음, 권영필 옮김,《예술에 있어서 정신적인 것에 대하여》, 열화당
　　　(1979)

박도양 지음,《실용 색채학》, 반도출판사(1992)

박명환 지음,《COLOR DESIGN BOOK》길벗(2013)

박승옥·김홍석 지음,《색채 과학 15강》, 국제(2005)

박연선 지음,《Color 색채용어사전》, 예림(2007)

박영수 지음,《색채의 상징, 색채의 심리》, 살림(2003)

박현일·최재영 지음,《색채학 사전》, 국제(2006)

박희숙 지음,《그림은 욕망을 숨기지 않는다》, 북폴리오(2004)

베티 에드워즈 지음, 김재경 옮김,《베티 에드워즈의 색채 이론》, 비즈앤비즈(2015)

배수정 외 지음,《패션과 문화》, 전남대학교 출판부(2011)

상품조사연구회 지음,《미래의 인기 상품》, 정성 출판사(1992)

서프라이즈정보 지음, 김민경·한은미 옮김,《색깔의 수수께끼》, 비채(2006)

수잔 핀처 지음, 김진숙 옮김,《만다라를 통한 미술치료》, 학지사(1998)

스에나가 타미오 지음, 박필임 옮김,《색채심리》, 예경(2001)

_____, 박필임 옮김,《Color는 doctor》, 예경(2003)

스테판 밋첼·마가렛 블랙 지음, 이재훈·이해리 옮김,《프로이트 이후》, 한국심리치료연구소(2000)

시각디자인연구소 지음, 윤혜림 옮김,《즐거운 배색》, 국제(2006)

실비 파탱 지음, 송은경 옮김,《모네: 순간에서 영원으로》, 시공사(1996)

알렉산드라 로스케 지음, 조원호·조한혁 옮김,《색의 역사》, 미술문화(2020)

에마 캘러리 지음, 윤갑근·오찬옥 옮김,《인테리어 컬러 코디네이트》, 국제(2007)

에바 헬러 지음, 이영희 옮김,《색의 유혹》, 예담(2002)

엘리슨 콜 지음, 지연순 옮김,《색채》, 디자인하우스(2002)

오수연 지음,《색의 유혹》, 살림(2004)

오희선·김숙희 지음,《재미있는 색 이야기》, 교학 연구사(2007)

와타나베 요우코 지음, 조은정 옮김《잘 안 풀려? 색깔을 바꿔 봐!》, 국제(2007)

요하네스 이텐 지음, 김수석 옮김,《색채의 예술》, 지구문화사(2015)

요한 볼프강 폰 괴테 지음, 장희창 옮김,《색채론》, 민음사(2003)

우석진 지음,《컬러리스트》, 영진닷컴(2007)

윤혜림 지음,《색채심리 마케팅과 배색이론》, 국제(2008)

_____,《색채 지각론과 체계론》, 국제(2008)

이연순 지음,《현대인과 패션》, 영남대학교출판부(2005)

이유주 지음,《푸드컬러와 디자인》, 경춘사(2005)

이창재 지음,《프로이트와의 대화》, 학지사(2004)

이현수 지음,《이현수 교수의 도시색채 이야기》, 선(2007)

일본 시각디자인 연구소 지음, 강화선 옮김,《색의 현장》, 태학원역(1997)

잉그리트 리델 지음, 정여주 옮김,《색의 신비》, 학지사(2004)

장 필립 랑클로 지음, 이승희 외 옮김,《환경, 건축 그리고 색》, 미진사(2009)

장성철 지음,《우리 아이에게 꼭 맞는 컬러 찾기》, 해피아워(2006)

장옥경 외 지음,《화훼장식 색채학》, 국제(2010),

전세일 지음,《보완대체의학》, 계축문화사(2004)

전세일·김선현 지음,《동서의학과 동서미술치료》, 학지사(2009)

정여주 지음,《미술치료의 이해》, 학지사(2014)

정연아 지음,《성공의 법칙 이미지를 경영하라》, 넥서스(2000)

_____,《성공하는 사람에겐 표정이 있다》, 명진출판사(1997)

정은주·김정훈 지음,《색채심리》, 학지사(2015)

정현희 지음,《실제 적용 중심의 미술치료》, 학지사(2018)

제럴드 코리 지음, 조현춘 외 옮김,《심리상담과 치료의 이론과 실제》, Cengage
　　　　Learning(2012)
조현주·이광훈·정혜민 지음,《색채학》, 시그마프레스(2016)
조효현·김민기·허정 지음,《색채와 푸드 스타일링》, 효일(2009)
차동채 지음,《아동 미술의 지도와 이해》, 미진사(2000)
찰스 리비 지음, 이양자 옮김,《색채와 구성적 감각》, 미진사(1992)
채수명 지음,《색채심리 마케팅》, 국제(2002)
최영훈 외 지음,《색채의 원리와 활용》, 미진사(2004)
최외선 외 지음,《마음을 나누는 미술치료》, 학지사(2006)
최재영 지음,《아동 미술 활동의 지도와 이해》, 창지사(2019)
카시아 세인트 클레어 지음, 이용재 옮김,《컬러의 말》, 윌북(2018)
캘빈 S. 홀·버논 J. 노드비 지음, 김형섭 옮김,《융 심리학 입문》, 문예출판사(2004)
쿠와지마 미키·카와구치 유키토 지음, 이규원 옮김,《뉴턴과 괴테도 풀지 못한 빛과 색의
　　　　신비》, 한울림어린이(2003)
클라이브 기포드 지음, 이강희 옮김,《색깔의 역사》, 노란돼지(2018)
파버 비렌 지음, 김진한 옮김,《색채의 영향》, 시공사(2003)
　　　　　　　　, 김화중 옮김,《색채 심리》, 동국출판사(2019)
프랭크 H 만케 지음, 최승희 외 옮김,《색채, 환경, 그리고 인간의 반응》, 국제(1998)
하랄드 브램 지음, 이재만 옮김,《색의 힘》, 일진사(2010)
하워드 선·도로시 선 지음, 나선숙 옮김,《내 삶에 색을 입히자》, 예경북스(2006)
한국문화상징사전편찬위원회 엮음,《한국문화 상징사전》, 동아출판사(1992)
한국색채연구소 지음,《아동 색채교육》, 미진사(2006)
한국색채학회 지음,《색이 만드는 미래》, 국제(2002)
　　　　　　　　,《컬러마케팅》, 지구문화사(2012)
황수무 지음,《교사를 위한 유아미술교육》, 형설출판사(2003)
CCI 색채연구소 엮음,《색채 디자인》, 국제(2007)
I.R.I 색채연구소 지음,《유행색과 컬러 마케팅》, 영진닷컴(2003)
P. M, 젤트너 지음, 정순복 옮김,《존 듀이 미학 입문》, 예전사(1996)

연구 논문

강준모·이주연·김현정(2003), <건축배색에 의한 색채환경 선호도 및 이미지에 관한 연
　　　　구>, 한국도시설계학회 추계학술대회집

고재근(1999), <한국 전통회화에 나타난 색채연구>, 전남대학교 석사학위 논문

곽병우(2011), <전통 오방색에 대한 미술치료사의 색채의식과 치료활용도에 관한 연구>, 영남대학교 석사학위 논문

김경영(1982), <보색 대비를 통해 본 한국인의 색채의식에 관한 소고>, 한국조경학회지

김문정(2004), <영화 의상에 표현된 색의 상징적 이미지에 관한 연구: 영화 '영웅'을 중심으로>, 중앙대 예술대학원 석사학위 논문

김선현(2001), <통합의학에서의 미술치료의 역할에 관한 연구>, 한양대학교 박사학위 논문

김성식(2003), <영상 커뮤니케이션의 색채가 심리에 미치는 영향에 관한 연구>, 단국대학교 석사학위 논문

김수석(1987), <색상 구성>, 한국미술교육논총집

김수옥(1999), <한국미술에 나타난 음양오행에 의한 색채표현에 관한 연구: 오방색을 중심으로>. 조선대학교 석사학위 논문

김석훈(2011), <의약품의 복용 순응도를 높이기 위한 시각 시스템디자인 연구>, 한양대학교 석사학위 논문

김정원(2009), <푸드 스타일링에 있어서 미각의 시각화와 색채에 관한 연구>, 경기대학교 관광전문대학원 석사학위 논문

노주연(2004), <BI 형성에 있어서 컬러가 미치는 영향력 분석 방법에 대한 연구>, 성신여자대학교 석사학위 논문

민병록(1989), <색 재현에 있어서 컬러 필름과 컬러 TV의 비교 연구>, 한국영화학회지 6호 166-180

박돈서(1996), <색채의 상징성에 관한 연구, 세계 각국 국기 색을 중심으로>, 한국색채학회 논문집 7. 1-17

박승림(2004), <색채 심리·치료와 한의학에서의 색의 적용>, 대전대학교 석사학위 논문

박영춘(2002), <도시의 이미지 특정에 관한 연구>, 국토계획 37(4), 대한국토도시계획학회

박현일(2004), <한국 색채문화의 사회미학적 연구>, 원광대학교 박사학위 논문

배만실(1986), <한국 전통색채론>, 한국문화연구원 논총 제51집

변현조(2005), <맛 이미지에서 오는 색채와 심리의 연관성에 관한 연구>, 국민대학교 석사학위 논문

서지원(1992), <의약품 포장 디자인에 관한 연구: 색채를 중심으로>. 한양대학교 교육대학원 석사학위 논문

신재호(2004), <보석 색의 심리적 접근을 통한 장신구 조형연구>, 원광대학교 석사학위 논문

신혜영·심영완·최미영(2004), <국내 브랜드의 컬러마케팅 활용 실태 조사>, 한국색채
　　학회지

안지혜(2011), <색채를 통한 미술치료법에 관한 연구>, 수원대학교 석사학위 논문

양현주(2010), <색채치료를 활용한 아동의 심리치료 프로그램 연구>, 서울교육대학교
　　교육대학원 석사학위 논문

이미란·유중석(2004), <도시 야간경관 계획의 기본목표와 구성요소에 관한 연구>, 한국
　　도시설계학회 추계학술대회집

이승희(2004), <한국 키즈 산업의 컬러 마케팅 전략 연구>, 홍익대학교 석사학위 논문

이윤경(2010), <표현주의 미술의 색채심리와 심리 치료적 요인에 관한 연구>, 한양대학
　　교 석사학위 논문

이인숙(2002), <한국의 전통적 미의식과 오방색의 관계 연구, 조선 시대를 중심으로>,
　　경희대학교 석사학위 논문

이원신(2006), <한국 전통 색채를 이용한 컬러 마케팅에 관한 연구>, 홍익대학교 석사
　　학위 논문

이준육(2011), <색채요법을 적용한 퇴행성 슬관절염의 임상효과>, 경기대학교 대체의학
　　대학원 석사학위 논문

이지아(2010), <우울증 환자의 색 선호도와 색채감성에 관한 연구>, 차의과대학교 보건
　　복지대학원 석사학위 논문

이혜정·여홍구(2005), <지역별 경관색채와 환경요인과의 상관성에 관한 연구>, 한국도
　　시설계학회 춘계학술대회집

이황선(2007), <외식산업에서의 컬러마케팅 효과 및 소비자 호응도 분석>, 성신여자대
　　학교 석사학위 논문

장은석(2008), <음양오행에 의한 상징조형에 관한 연구: 한국인의 조형사고를 중심으로>,
　　한양대학교 박사학위 논문

임홍배(2000), <괴테의 색채론과 모더니즘의 시작>, 디자인 문화비평 3호

전여선(2007), <한국영화와 TV 드라마 전통복식에 나타난 색의 변화와 이미지의 상징성>,
　　연세대학교 석사학위 논문

전영자(2008), <한국 샤머니즘 의례에서의 전통색의 역할>, 가톨릭대학교 문화영성대
　　학원 석사학위 논문

정소연(1996), <동양의 색채개념에 의한 상징적 표현 연구>, 이화여자대학교 석사학위
　　논문

정일몽(1985), <한국 영화와 색채 문제>, 영화예술 5집

조수진(2010), <색 자극이 초등학생의 정서와 뇌파 변화에 미치는 영향>, 경기대학교 대
　　체의학대학원 석사학위 논문

조은영(2007), <색채감성의 국가별 분석과 한국인의 개인색채 유형에 따른 패션색채 기호에 관한 연구>, 대구가톨릭대학교 박사학위 논문

주미경(2010), <그린 정책과 색 이미지 연구>, 한국색채학회논문집 24(1), 15-29.

최승희(2002), <주변공간의 색채디자인에 관한 연구>, 대한국토도시계획학회 논문집 37(1)

한정희(2007), <브랜드 아이덴티티 강화를 위한 브랜드 컬러 사례 분석>, 이화여자대학교 석사학위 논문

강희숙 외 지음, <색채와 문화>, 조선대학교 출판부(2011)

황교선(2005), <정신치료의 효율적 접근에 따른 미술치료 효과>, 경기대학교 대체의학대학원 석사학위 논문

황보영·강양석(2003), <지역 특성에 따른 간판 색채에 관한 연구>, 대한국토도시계획학회 추계학술 대회집

잡지

광고정보, <특집: 이미지 차별화>, 1990. 9., PP. 32-76

금강기획 사보, <컬러 마케팅>, 1996. 9., pp. 4~19

기업경영, <신경영전략 공감마케팅>, 1990. 8., pp. 84~93

디자인 비지니스, <도시 감각 제안하는 컬러 이미지와 페트네임>, 1989. 6., pp. 10~13

_____, <디자인을 통한 소비자와의 접점 라이프 스타일에 따른 컬러 시대 유도>, 1989. 10., PP. 40~41

_____, <패키지 디자인>, 190, 1., pp. 36~37

_____, <개성 추구의 블랙디자인 스타일>, 1990, 5., PP. 10~13

사보 연합광고, <색으로 시대 흐름을 읽는다. Color Marketing>, 1986. 2., PP. 6~13

월간 디자인, <색과 디자인> 1994. 9., pp. 96~129

현대경영, <내수 확대의 키는 라이프 스타일 분석>, 1987. 7., PP. 104~105

고홍관, <경, 박. 단, 소, 개념에서 미, 유. 윤, 창, 시대로>, 연세마케팅연구 창간 제1호, 1988

박홍, <백화점의 색채 계획과 관리>, 백화점 협회보 1990, 2., PP. 38~41

이주영, <Color Image Scale>, 사보 삼희기획 1989. 1., pp. 30~36

조성근, <일본의 히트상품 개발 키워드 遊. 潤. 創에 대하여> HIDA 연구집, 89/90 vol2, PP. 45~152

조현복 옮김, <90년대 생활 컨셉트(I)(II)(III)>, 사보 오리콤, 1989. 3., pp. 22~23

돈과 운을 부르는
색채 명리학

초판 1쇄 발행	2021년 6월 10일
초판 2쇄 발행	2021년 7월 5일

지은이	김동완
펴낸곳	(주)행성비

펴낸이	임태주

편집총괄	이윤희
책임편집	김지호
디자인	이유진

출판등록번호	제2010-000208호
주소	경기도 파주시 문발로 119 모퉁이돌 303호
대표전화	031-8071-5913
팩스	0505-115-5917
이메일	hangseongb@naver.com
홈페이지	www.planetb.co.kr

ISBN 979-11-6471-146-8 (03180)

※ 이 책은 신저작권법에 따라 보호를 받는 저작물이므로 무단 전재와 무단 복제를 금합니다. 이 책 내용의 일부 또는 전부를 이용하려면 반드시 저작권자와 (주)행성비의 동의를 받아야 합니다.
※ 책값은 뒤표지에 있습니다. 잘못 만들어진 책은 구입하신 서점에서 교환해 드립니다.

행성B는 독자 여러분의 참신한 기획 아이디어와 독창적인 원고를 기다리고 있습니다.
hangseongb@naver.com으로 보내 주시면 소중하게 검토하겠습니다.